KB261230

다시 더 낫게 실패하라

위기의 순간을 사는 철학자들

다시 더 낫게 실패하라

위기의 순간을 사는 철학자들

이택광

자음과모음

프롤로그

이 책은 개인적 궁금증에서 탄생했다. 2008년 이후 너도나도 자본주의의 위기를 지적하면서 '임박한 파국'에 대해 이야기할 때였다. 경제학자들이 언론과 방송에 등장해서 자본주의 경제의 문제점을 지적하는 모습을 어렵지 않게 발견할 수 있었다. 이들은 목소리를 높여서 자본가의 타락을 비판하면서 과거에 역동적이었던 자본주의의 원칙으로 다시 돌아가야 한다고 주장했다.

2012년에 출간한 『인민을 위한 자본주의』*에서 미국 자본주의의 장점을 회복하기 위한 방안을 제안했던 루이지 징갈레스 같은 자유방임주의적인 경제학자가 대표적이다. 물론 폴 크

---

* Luigi Zingales, *A Capitalism for the People: Recapturing the Lost Genius of American Prosperity*, Basic Books, 2012.

루그먼이나 조지프 스티글리츠 같은 경제학자도 예외는 아니었다. 정치적 입장과 관계없이 이들은 침체에 빠진 경제를 회복해야 한다는 전제에서 논의를 전개하고 있었다. 경제를 회복할 수만 있다면 자본주의가 아닌 다른 체제도 과감히 용인할 태세였다.

좌파든 우파든 금방이라도 자본주의가 끝나기라도 하는 양 호들갑을 떨고 있었다. 거부할 수 없는 미래의 징조처럼 '아랍의 봄'이라고 칭송되었던 이집트 혁명이 일어나고 월스트리트를 비롯한 금융자본주의의 중심지는 99%를 자처하는 시위대로 채워졌다. 상황은 사뭇 달라진 것 같았다. 90년대 현실사회주의 국가들이 연달아 무너지고 자본주의의 대안으로 거론되었던 다양한 이념들이 한낱 조롱의 의미 이상을 가지지 못한 듯이 보였던 시기가 끝난 것처럼 여겨졌다.

탈정치와 탈이데올로기가 최신 유행어처럼 번져가던 것이 무색해졌다. 민주주의의 죽음을 이야기했던 정치학자들이 갑자기 민주주의라는 용어를 복귀시키면서 정치철학의 문제의식에 다시 불을 지피기 시작했다. 내 마음이 급해졌다. 이 상황을 어떻게 받아들여야 할지 고민이었다. 게다가 한국은 2008년 촛불을 경험했다. 내가 한국의 촛불에서 본 것은 새로운 운동의 도래라기보다 과거 운동의 종언이었다. 새로운 것이

오고 낡은 것이 간 것이 아니라 운동 자체가 끝난 것 같다고 생각했다.

이런 조건에서 과연 지금 발생하고 있는 현상을 어떻게 이해해야 할까? 홀로 불을 밝히고 밤늦게 학구열을 불태우던 시간도 있었다. 그러나 책은 이미 과거의 이야기에 지나지 않는다. 아무리 빨리 출간된 책이라도 이미 2~3년은 지난 논의이기 일쑤였다. 거기에 참고할 통찰이 없는 것은 아닐 테지만 지금 여기에서 벌어지고 있는 사태에 대한 고찰도 필요했다. 혼자 파악하는 수준을 뛰어넘는 다른 조감도가 필요했다. 그래서 프랑스의 철학자 루이 알튀세르가 즐겨 사용했던 방법을 차용하기로 했다. 궁금한 내용이 있으면 책의 저자들에게 직접 물어보는 것 말이다. 평소에 면식이 있던 이들에게 인터뷰를 청하자 흔쾌히 응했다. 말할 것도 없이 이런 저런 핑계를 대면서 지금은 어렵다는 답신을 보낸 이들도 있었다.

인터뷰에 응해준 이들의 호의가 없었다면 이 책은 태어나지 못했을 것이다. 인터뷰는 2012년에 이루어졌다. 인터뷰 내용 일부는 2012년 2월부터 5월까지 〈한국일보〉에 연재 형태로 실렸지만 이 책에 수록된 것은 편집을 거치지 않은 전체 판본이다. 인터뷰를 진행하면서 목표로 삼았던 것은 지금 여기에서 일어나고 있는 사건에 대한 논평을 가감 없이 들어보는 것이었다. 슬라보예 지젝이나 자크 랑시에르, 또는 지그문트 바우만 이나 가야트리 스피박 같은 '거물'뿐 아니라 사이먼 크리츨리 나 알베르토 토스카노처럼 최근 부상하고 있는 소장학자들의 시선을 담는 것이 중요했다.

지젝, 랑시에르, 크리츨리, 그리고 토스카노는 내가 공부했 던 영국에서 인연을 맺은 철학자들이다. 그렉 램버트는 들뢰즈 관련 학회에서 만나서 인연으로 발전했다. 지젝은 학술대회에 서, 랑시에르는 세미나에서, 그리고 토스카노는 대학원 수업에 서 조우했다. 특히 토스카노는 최근 영국에서 "워릭 시기Warwick Moment"라고 불리는 그 무렵에 만났다.* 로렌초 키에사Lorenzo Chiesa와 니나 파워Nina Power 역시 토스카노와 함께 "이론적 열정" 을 공유했던 대학원생들이었는데, 지금은 주목 받는 신진 학자 로 영국에서 반향을 불러일으키고 있는 장본인들이다. 피터 싱 어는 마르크스를 다윈으로 교체해야 한다고 주장하는 흥미로 운 철학자다. 최근 논의에서 빼놓을 수 없는 문제를 제기하고 있다는 판단에서 인터뷰 목록에 포함시켰다.

* 토스카노는 이 시절에 대해 "당시 [워릭대학교에] 형성되어 있던 이론적인 열정 을 공유하는 대학원생을 중심으로 한 학문 집단이야말로 실질적인 자극이었다" 고 회고하는데, 지금도 그렇지만 당시에 워릭대학교 철학과는 대학원생을 주축 으로 한 활발한 학술활동으로 유명했다. 다음을 참조할 것. http://www.full-stop. net/2012/08/30/interviews/michael-schapira/alberto-toscano/

이들을 호명해서 내가 묻고 싶었던 것은 이 세계에 대한 철학자들의 사유였다. 지금 벌어지고 있는 사태에 대한 철학자들의 생각을 종합해볼 수 있다면 훨씬 입체적인 시각을 제공할 수 있을 것 같았다. 다른 이론가에 대한 평가도 물어봤다. 단순한 호사 취미 때문이 아니라 그렇게 하면 각자의 입장을 들어보고 맥락을 쉽게 파악할 수 있기 때문이다. 평소에 지젝과 앙숙 관계에 있는 스피박에게 지젝에 대한 질문을 던지거나 지젝과 논쟁을 벌인 크리츨리에게 관련 사항을 물어본 것은 이런 까닭이었다.

인터뷰는 직접 찾아가거나 전화 또는 이메일로 진행했다. 미진한 경우에 추가 인터뷰를 하기도 했다. 랑시에르와 바우만 인터뷰가 두 개로 나뉘어져 있는 것은 이 때문이다. 랑시에르의 경우는 프랑스어 번역의 정확성을 기하기 위해 최정우와 서용순의 도움을 받았다. 스피박은 뉴욕에 있는 컬럼비아대학교 교수회관에서 직접 만나 인터뷰를 진행했다. 이메일로 일정을 맞추고 전담 비서와 전화 한 통을 주고받은 상태에서 약속 장소로 가서 기다리는데, 정해진 시간에 정확하게 스피박이 당도해서 인상적이었다. 친절하게 인터뷰에 응해준 것도 어딘데, 맥주까지 대접 받는 호사를 누렸다.

몇 개월에 걸쳐 노력을 하긴 했지만 최초의 기획에 도달하는 책이 되었다고 말하기는 어렵다. 알랭 바디우를 비롯해서 가라타니 고진이나 왕후이를 인터뷰하지 못한 것은 아쉬움을 남긴다. 처음에 구상했던 사상의 지도를 완성하는 것은 다음으로 미룰 수밖에 없을 것 같다. 그 기획이 무엇이었는지 인터뷰에 앞서 붙여놓은 '약도'에서 짐작할 수 있을 것이다. 더 많은 이를 인터뷰하고 보강한 뒤에 책을 내놓아야 하겠지만 시간이 너무 걸릴 것 같아서 우선 마무리된 순서대로 선보이고자 마음을 먹었다. 인터뷰의 속성상 시의성을 놓치면 의미가 없을 것 같기도 했다.

인터뷰를 읽어보면 알겠지만 지금 여기에서 벌어지고 있는 사태에 대한 철학자들의 대답은 한 마디로 '다시 더 낮게 실패하라'는 것이다. 이 말은 아일랜드 출신의 극작가 사무엘 베케트가 쓴 『최악을 향하여』*에 나오는 구절이다. 말하자면 철학은 실패에 대한 사유다. 따라서 철학은 또다시 실패할지언정 다시 시도하기를 요청하는 것이기도 하다. 철학자들이 경제학자들과 다른 점을 여기서 짚어낼 수 있다. 자본주의가 실패하는 바로 그 위기의 순간에 철학은 새로운 체제를 사유한다. 위기의

---

* Samuel Beckett, *Worstward Ho*, Grove, 1983. 이 책의 제목으로 따온 구절은 다음과 같다. "All of old. Nothing else ever. Ever tried. Ever failed. No matter. Try again. Fail again. Fail better."

순간을 사는 것이야말로 철학자의 본질이자 사명이라는 것이 이 책에 실린 철학자들 사이에 합의되어 있는 명제다.

가능한 것과 불가능한 것 사이에서 비로소 사유의 혁명은 시작된다. 이 경계의 혁명에 대한 이야기들을 이 책에서 들어볼 수 있기를 기대한다. 위기의 순간을 사는 철학자들은 답을 제시한다기보다 우리 자신에게 그 답을 고민해보도록 주문한다. 이들의 육성을 따라가면서 이제 스스로 답을 찾아보는 사유를 시작해보자.

2013년 8월 15일
이택광 쓰다

 프롤로그

차례

프롤로그 … 5

철학자의 세계를 여행하기 위한 약도

／

포스트구조주의 이후 … 17

왜 프랑스 철학인가? … 25

'정치적인 것'의 계보학 … 33

영국의 신좌파 … 39

이탈리아적인 차이 … 46

철학과 아시아 … 53

철학자들을 만나다

슬라보예 지젝　　사유를 시작하라!　… 63

자크 랑시에르　　몫 없는 자들의 몫으로　… 91

지그문트 바우만　　'2012년 현상'을 기억하라!　… 135

가야트리 스피박　　정치적 행위자를 길러내는 교육　… 155

피터 싱어　　다원주의와 윤리적 삶　… 171

사이먼 크리츨리　　실망은 끝이 아니라 시작이다　… 181

그렉 램버트　　누가 '영구평화'를 두려워하랴?　… 199

알베르토 토스카노　　'평범한' 마르크스주의　… 211

제이슨 바커　　진리는 훨씬 더 도전적이다　… 223

철학자 소개　… 234

철학자의 세계를 여행하기 위한 약도

철학자의 세계를 여행하기 위한 약도

1

포스트구조주의 이후

폴 리쾨르가 1955년 「정치적 역설」*을 집필했을 때만 해도 오늘날처럼 정치와 정치적인 것을 구분하는 버릇은 존재하지 않았다. 리쾨르는 소련의 헝가리 침공을 계기로 이 책을 썼는데, 주장의 요지는 "권력은 그 자체로 역사를 가지고 있지 않다"는 것이었다. 놀랄 만한 정치적 변화도 없이 권력의 역사는 시간의 흐름에 따를 뿐이다. 기술도 발전하고 인간관계도 진화했지만 권력의 역설은 여전하다는 것이 리쾨르의 견해였다. 이런 비관적 전망은 유럽의 지식인들이 '선한 권력'이라고 믿었던

---

*   Paul Ricœur, "Le Paradoxe Politique," *Histoire et vérité*, Le Seuil, 1955.

소련이 자신의 적과 동일한 방식으로 혁명을 진압하는 현실에 대한 성찰을 내포하고 있었다.

당시 헝가리와 폴란드에서 발생했던 일련의 사건들은 권력에 대한 급진적인 사유를 요청하는 것이었다. 겉으로 진보적인 것처럼 보이는 정치가 실제로 반동적인 역할을 수행할 때 이를 어떻게 봐야 할 것인지에 대한 의문들이 발생할 수밖에 없었다. 그러므로 정치로부터 정치적인 것을 분리시키는 발상은 궁핍한 진보주의의 현실을 보완하기 위한 요청의 결과였다고 할 수 있다. 권력의 합리화가 진행될수록 가치전도는 더욱 심화한다는 것이 이런 생각에 깔려 있는 전제였다.

리쾨르의 「정치적 역설」 덕분에 정치철학은 정치와 다른 차원의 것을 추구할 필요성을 주장하기 시작했다. 그 이후 우리가 목도하는 '새로운' 정치에 대한 철학이 다시 수면 위로 부상하기 시작한 것이다. 물론 이런 상황은 프랑스적인 상황에서 가능한 것이라고 단언할 수도 있을 것이다. 그러나 분명한 것은 정치와 정치적인 것을 구분했던 사유의 연원이 프랑스가 아닌 독일에 있었다는 점이다. 최근 들어 새롭게 조명받기 시작한 칼 슈미트가 그렇다.

사실 프랑스의 지적 풍경을 이해한다면 슈미트의 정치철학을 프랑스의 맥락 속으로 인입시킨다는 것이 얼마나 많은 모험을 감수해야 하는지를 알 수 있을 것이다. 나치와 관련한 조그마한 근거라도 가지고 있는 지식인은 친나치의 혐의를 뒤집어쓸 수밖에 없었다. 실제로 하이데거주의가 전후 프랑스를 좌지우지하는 한편으로, 하이데거의 친나치 전력에 대한 폭로도 잇따랐다는 사실을 상기할 필요가 있다. 물론 이런 현실적 충돌과 별개로 슈미트는 하이데거와 마찬가지로 최근에 목격할 수 있는 정치철학의 이슈들에 중요한 전환의 계기를 던져준 사상가라고 할 수 있다.

프랑스 철학자들보다 빨리 슈미트의 문제의식을 알아보고 적극적으로 평가했던 철학자는 발터 벤야민이었다. 철학과 철학하기를 구분했던 벤야민의 생각은 슈미트의 분법을 떠올리게 하기에 충분하다. 그러나 철학사에서 이 사실은 썩 유쾌한 에피소드가 아니라고 할 수 있다. 나치 때문에 목숨을 잃은 벤야민과 국가사회주의를 지지했던 슈미트 사이에 어떤 친화성이 있다는 사실은 충분히 당혹스러운 일이기 때문이다. 이런 사실과 별개로 정치와 정치적인 것을 나누어서 생각하는 방식이 슈미트로부터 내려온다는 것은 의미심장한 일이다.

정치적인 것을 정치로부터 분리해내는 '개념적 전환'은 이론적으로 중요한 몇몇 계기를 만들어냈다. 이후 전개된 정치철학에서 제기한 중요한 논제들은 대개 여기에 근거하고 있었기 때문이다. 알랭 바디우를 제외하고 거의 모든 이론가는 정치와 정치적인 것을 구분하는 것을 하나의 정식으로 받아들이는 것 같다. 한국에서도 관심을 끌고 있는 자크 랑시에르, 클로드 르포르, 에르네스토 라클라우 등도 정치와 정치적인 것의 분리라는 전제에서 자신들의 논의를 출발시키고 있다. 하나로 묶을 수 없는 이들을 큰 범위에서 '탈정초주의post-foundationalism' 라고 부르는 명명법이 주목받고 있는데, 이른바 미국에서 과잉 생산된 포스트담론에 대한 하나의 교정으로서 이 용어가 등장했다는 것에 주의할 필요가 있다. 말하자면 탈정초주의 (또는 포스트정초주의)라는 정의 또한 포스트구조주의나 포스트모더니즘처럼 본인들의 의사와 무관하게 특정 이론가들에게 모자를 씌우는 역할을 할 수도 있다는 사실을 명심해야 한다는 것이다.

여하튼 우리에게 포스트구조주의라는 유행으로 다가왔던 60년대 이후 프랑스 철학은 생각보다 복잡한 변별성을 가지고 있을 뿐 아니라 이 그룹에 속한다고 거론되는 본인들이 한 번도 자신을 '포스트이론가'로 규정하지 않았다는 아이러니를 가지고 있다. 마치 신자유주의라는 용어가 그렇듯 포스트구조주의라는 용어도 남용의 여지가 다분한 것이다. 기본적으로 이런 이론들은 구조주의의 문제점을 해결하기 위한 방편들을 고민했다는 측면에서 공통점들을 나누어 가지고 있다.* 탈정초주의라고 불리기 시작한 이론들도 마찬가지인 것처럼 보인다. 포스트구조주의가 물질적 차원의 ‘토대’를 부정하는 것이라면 (과연 그런가?) 탈정초주의는 이 토대를 긍정한다는 것이 중론인데, 탈정초주의라는 말에서 확인할 수 있듯이 여기서 이들이 지칭하는 그 토대는 수미일관하거나 인과적인 성질을 갖고 있지 않다.

오늘날 생각해보면 지극히 당연한 말이지만 여하튼 분류하기 좋아하는 ‘전문가 담론’은 탈정초주의라는 용어법을 통해서 이른바 포스트모더니즘의 문제점을 해결하기 위한 새로운 정치철학을 요청하고 있다고 볼 수 있다. 포스트구조주의에서 중요했던 것이 ‘시(학)’이었다면 탈정초주의에서 중요한 것은 정치다. 그러나 여기서 문제가 발생한다. 탈정초주의가 포스트구조주의에서 핵심적인 위치를 차지했던 시학을 정치학으로 대체한다고 해서 무엇이 달라질 수 있는지 의문을 제기할 수밖에 없는 것이다.

---

* 여기에 대한 중요한 논의는 사토 요시유키가 쓴 『권력과 저항: 푸코, 들뢰즈, 데리다, 알튀세르』(김상운 옮김, 난장, 2012)라는 책에서 찾아볼 수 있다. “프로이트에 관한 라캉의 ‘구조주의적’ 독해에서 영향받은 몇몇 ‘구조주의적’ 권력 이론은 ‘시니피앙’을 ‘내면화된 권력’으로 대체한다. 이 이론에서 복종화된 주체는 [주체에] 내면화된 권력에 의존한다.”(19쪽)

     철학자의 세계를 여행하기 위한 약도

실제로 포스트구조주의가 시학을 진리의 표준지표로 삼은 까닭은 하이데거의 영향 때문이었다. 바디우에 따르면 하이데 거는 철학의 임무를 시학에 기탁함으로써 위기의 국면을 해소 하고자 했다. 이런 바디우의 주장을 좀 더 확장한다면 포스트 구조주의는 하이데거의 이론을 충실히 따랐다고 볼 수 있다. 물론 그렇다고 포스트구조주의를 비판하는 탈정초주의가 하 이데거주의를 벗어나는 것은 아니다. 오히려 이들은 하이데거 주의를 좀 더 급진적으로 변형한다고 볼 수 있다.

탈정초주의에 따른 토대에 대한 개념 규정은 하이데거를 빼 놓고 이해할 수 없다. 하이데거가 본래적 삶과 비본래적 삶을 나누어서 그 존재론적 차이에 주목했던 것처럼 탈정초주의도 정치와 정치적인 것을 분리해서 그 차이를 정치철학의 토대로 설정하고 있는 것이다. 하이데거 극복이 전후 프랑스 철학의 과제라는 말도 있지만 여전히 하이데거의 그림자는 짙다고 할 수 있다. 탈정초주의가 말하듯이 토대를 필연적인 법칙의 현현 이 아니라 우발성의 심연으로 설정하더라도 모든 문제가 해결 되는 것은 아니다. 헤겔에서 스피노자로 이동해서 유물론을 재 정식화하겠다는 프랑스 정치이론들의 기획은 분명 의미 있는 일이지만 그 이론의 계보학을 되짚는 발생론적 탐색을 게을리 한다면 결국 필연성을 우발성이라는 범주로 단순 대체한 거울상을 되풀이하는 오류를 범할 수 있다.

　새롭지 않은 것을 가지고 새롭다고 생각하는 착각이 만들어 내는 효과는 실로 참담할 수가 있다. 내가 생각하기에 이 문제에 대해 가장 날카롭게 파악하고 있는 이론가는 바디우인 것 같다. 탈정초주의의 문제점을 적절하게 인식하고 있는 까닭에 바디우는 정치철학에 반대하는 이론가로서 자신을 자리매김하고 있는 것이다. 바디우는 정치라는 범주로서 모든 진리의 척도를 세우려는 경향에 대해 비판적이다. 라이프니츠로부터 빌려와서 그가 내세운 공가능성compossibilité이라는 것은 이런 맥락에서 상당히 긍정적이라고 할 수 있다. 잘 알려져 있다시피 바디우는 정치뿐 아니라 예술, 과학, 사랑에서도 진리가 생산될 수 있고, 생산의 절차는 다르지만 이를 통해 만들어진 진리는 평등하다고 주장한다. 확실히 바디우의 이런 생각은 현명한 것이다.

　하이데거의 존재론을 정치철학으로 대체할 경우 또 다른 봉합이 일어나는 것은 어쩔 수가 없다. 바디우가 봉합이라고 지칭하는 것은 하나의 진리표준을 내세우는 것을 의미한다. 하이데거주의의 봉합이 바로 시학이었다고 한다면 하이데거주의를 좌파적으로 전유하는 정치철학은 정치학으로 철학을 봉합하는 것이다. 바디우에게 철학은 그 자체로 진리를 생산하는 것이 아니라 다른 진리를 판독하는 역할을 갖는다. 바디우의 입장에서 오늘날 인기를 누리고 있는 정치철학은 존재론을 정치학으로 대체한 것에 지나지 않는다. 정치적인 것이 하이데거가 말한 '실존'의 다른 이름이라는 말이다. 정치철학을 둘러싼 거인들의 싸움에서 우리가 배울 것은 무엇일까? 낯설지만 흥미진진한 이론의 콜로세움으로 우리는 이제 막 들어섰다.

2

/

왜 프랑스 철학인가?

프랑스 철학의 영향으로 프랑스는 이제 '철학의 나라'로 받아들여지고 있다. 라인 강 너머에서 프랑스혁명에 대한 동경으로 독일이 철학에 매진했던 과거를 무색하게 만드는 일이다. 그러나 보기와 달리 프랑스에서 프랑스 철학이 반드시 환영을 받는 건 아니다. 바디우가 『사르코지는 무엇의 이름인가』*에서 언급하듯이 프랑스 밖의 '친구들'은 프랑스를 진보주의적인 국가로 믿고 있지만 실상이 반드시 그런 것은 아니다.

현실의 프랑스인들을 만나서 여러 이야기를 들어보면 우리

---

* Alain Badiou, *De quoi Sarkozy est-il le nom?*, Lignes, 2007.

 철학자의 세계를 여행하기 위한 약도

는 어쩔 수 없이 프랑스를 보수주의 쪽에 가깝게 위치시켜야 할 것 같다. 한국처럼 프랑스에서도 지식인에 대한 '단죄'는 여지없이 일어난다. 마치 친일파 문제처럼 프랑스를 지배하는 정서는 상당히 민족주의적인 측면이 있는데, 에티엔 발리바르가 슈미트를 복권시킨 뒤에 친나치적인 철학자라는 비난을 감수해야 했다는 사실을 지적할 필요가 있다. 사실 이런 프랑스사회의 보수주의를 이해해야 프랑스산 이론들의 의미를 온전하게 이해할 수 있을 것 같다.

프랑스 사회의 보수주의를 짐작하게 해주는 상징적 인물이 바로 장 폴 사르트르다. 사르트르는 전후 프랑스를 대표하는 철학자이자 작가였다. 사르트르는 프랑스에 하이데거주의를 도입한 장본인이기도 했고, 바디우가 말하는 철학의 진리를 문학에 위임해버리는 '시적 봉합'을 앞서서 실천한 철학자기도 했다. 사르트르에 대한 프랑스 사회의 반감은 놀라운 것이었다. 알제리 전쟁을 반대했다는 이유로 그의 아파트에 폭탄테러가 가해지기도 할 정도였으니 가히 그 상황을 짐작할 만하다.

우리가 고찰할 이론적 지형도의 한 구석에 사르트르가 위치해야 할 이유는 명확하다. 실존주의보다도 삶의 방식으로 프랑스 사회를 뒤흔들었던 이방인의 이미지에서 오늘날 우리가 목격하는 많은 사유가 출발했다. 사르트르는 고향집에 남겨두고

온 아버지 같은 존재였던 것이다. 들뢰즈도 바디우도 젊은 시절에 모두 '사르트리언'이었다는 사실은 대단히 중요하다. 그리고 빼먹을 수 없는 이론가로 자크 라캉이 있다. 들뢰즈가 사르트르와 결별했던 결정적 이유는 바로 '휴머니즘' 때문이다. 사르트르가 "실존주의는 휴머니즘"이라고 선언하며 '역사의 쓰레기통'에서 이 낡은 시계를 다시 찾아냈을 때 들뢰즈는 분노에 차서 비판을 가했다.

이 들뢰즈야말로 프랑스의 작가 투르니에가 한때 '반체계의 악마'라고 묘사했던 젊은 들뢰즈다. 사르트르에 대항한 반휴머니즘은 이후 프랑스산 이론에서 밀교적 표지로 통한다. 헤겔을 밀어내면서 스피노자가 부상하는 것도 이와 무관하지 않았다. 변방에서 날아온 영악한 자객 슬라보예 지젝은 이런 상황을 정확하게 꿰뚫고 있었다. 그는 프랑스의 지적 지형도에서 틈새시장을 탁월하게 공략했다. 스피노자가 올라선 봉우리에서 헤겔을 이야기하고, 루이 알튀세르의 유령이 출몰하는 곳에서 라캉을 들이민다. 물론 지젝의 동지자 숨겨진 라이벌은 바디우지만 이 사실은 종종 커다란 바디우의 덩치 때문에 별반 주목을 받지 못한다.

사르트르와 라캉은 공식적으로 서로를 언급한 적은 없지만 호의적인 관계를 유지했다. 이런 우호적 관계는 아마도 두 '별종’이 보여준 주체에 대한 관심 때문일 것이다. 물론 사르트르의 실존주의를 젊은 들뢰즈가 비판한 그 의미에서 휴머니즘이라고 규정할 수는 없고, 여러 가지 측면에서 사르트르는 주체에 대해 라캉과 비슷한 반휴머니즘적 관점을 유지하고 있었다. 주체는 허상이지만 폐기할 수 없는 범주라는 공통지반에 이들은 서 있었다. 이런 까닭에 사르트르도 라캉처럼 데카르트에서 자신의 생각을 출발시킨다.

라캉이 말한 “나는 내가 존재하지 않는 곳에서 생각한다. 그러므로 나는 내가 생각하지 않는 곳에서 존재한다”는 통찰은 “내가 존재하지 않더라도 나는 생각할 수 있다”는 사르트르의 판본과 거울상을 이룬다. 물론 사르트르가 여기에서 말하고 있는 것은 ‘생각’ 이외의 존재방식, 말하자면 감정, 상상력, 감각, 꿈 같은 것이다. 사르트르에게 중요한 것은 ‘코기토 없는 주체’였다. 이런 맥락에서 사르트르는 휴머니스트처럼 보이지만 라캉과 공모하고 있는 것이다. 라캉은 니체가 쇼펜하우어에 빗대어 말했던 놀랄 만한 반휴머니즘의 ‘교육자’였고 클로드 레비스트로스나 미셸 푸코와 마찬가지로 현대 철학사상의 창시자 중 하나로 간주되었다. 라캉의 세례는 강렬해서 1960년대 반휴머니즘의 논리를 정교하게 만들고 강화시킨 계기들을 마련했다고 볼 수 있다. 사르트르가 라캉의 영향을 받은 것은 확실하다. 물론 완전히 라캉에 찬성한 것은 아니지만 말이다.

라캉 역시 『세미나 11: 정신분석의 네 가지 근본개념』*에서 사르트르에 대한 찬사를 헌정하고 있다. 특히 시선의 문제를 논하면서 사르트르의 『존재와 무』**가 시선을 대상소타자와 관련해서 이론화한다고 언급한다. 이렇게 사르트르와 라캉의 현전성이 중요한 까닭은 무엇인가? 이 문제는 말년에 들을 수 있었던 푸코의 고백에 이르면 명확하게 드러난다. 푸코는 『말과 사물』***에서 사르트르를 일컬어 "침묵의 미소"로만 반대할 수 있을 뿐이라고 말하고 있는데, 여기에서 푸코는 사르트르에 대한 외경을 한 꺼풀 표현한 것이다. 말하자면 푸코 역시 사르트르를 의식하지 않을 수 없었고 사르트르 또한 마찬가지였다. 사르트르에게 중요했던 것은 통속적 사유로 철학의 자세를 유지하는 것이었는데, 마르크스를 비판한 푸코를 공격하면서 푸코가 내세운 탈마르크스화가 허망한 '부르주아의 방어벽'이라고 비판한 것이 대표적이다.

그러나 푸코가 마침내 '주어진 시대의 순간에 생산되는 주

---

*　자크 라캉, 『세미나 11: 정신분석의 네 가지 근본개념』, 맹정현·이수련 옮김, 새물결, 2008.
**　장 폴 사르트르, 『존재와 무』, 정소성 옮김, 동서문화사, 2009.
***　미셸 푸코, 『말과 사물』, 이규현 옮김, 민음사, 2012.

체'로 관심을 돌렸을 때 하나의 결정적 문제를 사르트르와 공
유하게 된다. 그것은 바로 시대적 진보와 실천, 그리고 사건의
결과로 주체를 정의하는 것이었다. 이런 말투에서 사르트르를
읽어내는 것은 그렇게 어렵지 않다. 푸코의 발언은 앞으로 중
요한 문제로 제기될 '주체화'에 대한 하나의 출구를 열어주고
있는 것이다. 주체가 아니라 주체화subjectivation라는 명제는 '나
의 세분화'라는 사르트르의 기획에서 핵심적인 범주였고, 이
또한 철학에 대한 라캉의 공헌이기도 했다. 오늘날 우리가 목
격하는 모든 이론이 사르트르와 라캉으로부터 출발했다는 말
을 하려는 것이 아니다. 다만 두 거인의 영향력을 빼놓고 이론
의 지형도를 그리기 어렵다는 사실을 말한다.

들뢰즈가 사르트르의 세례를 받았다는 것은 잘 알려져 있
다. 바디우 또한 마찬가지다. 바디우가 학생시절 똑똑하기는
한데 너무 사르트르 흉내를 낸다는 지적을 받은 에피소드는 유
명하다. 들뢰즈는 클레르 파르네와 나눈 대화에서 "다행히 사
르트르가 있었다"는 고백을 쏟아놓는다. 사르트르야말로 그의
세대를 지탱시켜준 '외부'였다는 것이다. 여기에서 외부라는
것은 사유된 것을 통해 사유되지 않는 것들을 발견하게 해주는
하나의 '수단'이었다는 말이다. 베르나르 앙리 레비의 증언에
따르면 들뢰즈는 사르트르를 '마지막 철학자'로 불렀다. 20세

기가 사르트르로부터 시작했기 때문에 들뢰즈의 시대가 될 수 있었다는 레비의 지적은 그래서 상당한 설득력을 갖는다.

사르트르와 라캉이 제시한 것들은 공고한 환상으로 존재했던 주체의 해체였다. 들뢰즈는 이 지점에서 사르트르보다 훨씬 더 나아간 이론가였다. 사르트르를 일컬어 외부라고 한 것은 데카르트, 후설, 사르트르, 그리고 에다뉘엘 레비나스까지 이어지는 하나의 지형도에 비견해서 그렇다고 볼 수 있을 것이다. 들뢰즈는 이와 달리 라이프니츠, 스피노자, 그리고 모리스 메를로-퐁티로 흘러내리는 계류에 발을 담그고 있다. 메를로-퐁티는 들뢰즈와 같은 지세에서 무기적 사물과 융합되어 있는 생명에 대해 고민했다. 이들에게 주체는 특권을 부여받을 수 없는 허상이었다. 중요한 것은 고정점을 만들어낸 주체라기보다 주체화였다. 그러나 이들에게 더 시급했던 것은 주체라기보다 그것을 가능하게 하는 내재성에 대한 탐구였다고 볼 수 있겠다. 내재성은 생각보다 그렇게 '내재'하지 않는다. 내재성은 모든 사유를 출발시키는 하나의 차원, 바로 생명 자체다. 메를로-퐁티에게나 들뢰즈에게 생명은 유기체의 한계에 갇혀 있는 것이 아니다. 이 생명은 무기체기도 하다.

들뢰즈가 주체화를 사물의 융합과 섞어버린다면 사르트르와 라캉은 주체화의 정당성을 역설한다. 이들에게 주체화는

     철학자의 세계를 여행하기 위한 약도

'~인 양 굴기'다. 그래서 들뢰즈에게 '사유가 있다'는 사실이 중요하다면 사르트르와 라캉에게 중요한 것은 '거기 사유가 있다'라는 사실이다. 주어진 것$^{es\ gibt}$으로서 '있는' 사유, 여기에서 우리는 다시 하이데거로 돌아가는 샛길을 발견한다.

3

/

'정치적인 것'의 계보학

오늘날 인기어가 되어버린 '정치적인 것'이라는 개념은 슈미트에 기원을 두고 있는 것이다. 독일어인 das Politische를 불어인 le politique로 옮기고, 이것을 다시 영어로 옮긴 것이 the political이다. 이 말을 그대로 한국어로 번역해서 '정치적인 것'이라는 개념을 우리가 사용하고 있는 셈인데, 글자만 놓고 본다면 도무지 그 뜻을 짐작하기 모호한 용어라고 할 수 있다.

정치적인 것이라는 말은 1932년에 발간된 『정치적인 것의 개념』*이라는 슈미트의 책에서 처음으로 등장한다. 이 책에서

---

* 카를 슈미트, 『정치적인 것의 개념』, 김효전·정태호 옮김, 살림, 2012.

슈미트는 다른 사회 영역과 구별할 수 있는 정치적인 것의 자율성을 주장한다. 여기에서 슈미트는 '적과 아'라는 구체적 분별에 정치적인 것의 특이성을 위치시킨다. 윤리 영역에서 선과 악이 서로 대립하고 미학 영역에서 미와 추가 대립하고 경제 영역에서 이익과 불이익이 대립하듯이 정치적인 것에서도 적과 아가 대립하는 것이다. 그러나 정치적인 것은 독자적인 영역이라고 말할 수가 없다. 왜냐하면 정치적인 것은 고유한 객관적 본성이나 자율성에 의해 다른 영역과 구분되는 것이 아니기 때문이다.

분별화와 범주화가 가장 강력하게 부딪히는 그 긴장의 지점에서 정치적인 것은 출현한다. 이런 맥락에서 정치적인 것은 다른 영역에 비해 특권적인 것이다. 상대적으로 자율적이면서 동시에 우선성을 갖는 것이 정치적인 것이다. 슈미트는 이런 정치의 특권성을 설명하기 위해 전쟁을 예로 든다. 전쟁은 사회적 집단들 사이에 벌어지는 가장 극단적인 비상사태를 의미한다. 이 비상사태의 국면에서 모든 것은 '적과 아'라는 정치적인 것의 긴장관계로 복속되어버린다. 기존의 공동체를 구성했던 원칙들이 돌연 '적대'라는 분열을 통해 해체되어버리는 것이다.

슈미트는 정치적인 것을 협소하게 정치의 영역에 묶어놓지 않았다는 측면에서 정치철학의 서막을 새롭게 열어젖혔다고 할 수 있다. 정치적인 것이라는 개념의 발명은 단순하게 ‘정치’라는 명사형을 ‘정치적인’이라는 형용사로 바꾼 것이 아니다. 이를 통해 슈미트는 특정한 제도적 장치에 정치적인 현상을 묶어놓지 않을 수 있는 방도를 제공했다. 정치적인 것을 고정적인 것이라기보다 유동적이고 편재하는 ‘장’으로 생각하도록 만든 것이 슈미트의 공이다.

앞서 언급했듯이 이런 정치에 대한 슈미트의 재정식화는 리쾨르에게 영향을 미쳤다. 리쾨르는 정치라는 것이 위대한 ‘위기’의 순간에 오직 존재한다는 말을 했는데, 여기에서 위기라는 것은 말할 것도 없이 역사의 전환기 같은 것이라고 할 수 있다. 소련의 헝가리 침공이 서구 지식인 사회에 가져온 파장은 좌우파를 막론하고 중대했다고 할 수 있다. 이 사건에 직면해서 리쾨르가 「정치적 역설」을 집필했을 때 그의 목적은 명확했다. 현실사회주의라고 불리던 ‘국가 마르크스주의’ 또는 ‘공식 마르크스주의’에 대항하는 새로운 정치의 개념을 정립하는 것이었다. 이런 생각은 필연적으로 정치를 이중적인 것으로 파악할 수밖에 없도록 만들었다.

정치는 근본적으로 이중적인 기원을 가진 것이라는 전제가 필요했던 것이다. 리쾨르는 구체적인 정치적 합리성과 정치적

     철학자의 세계를 여행하기 위한 약도

악마성을 구분함으로써 이 문제를 해결하고자 했다. 마르크스주의에 내장한 문제점을 지적하기 위해 그는 경제로부터 정치의 영역을 분리해냈다. 경제나 정치 모두 합리성에 근거하고 있지만 각각의 합리성은 동일하지 않다는 생각이었다. 말하자면 그의 기획은 경제결정론에 경도되어 있던 마르크스주의의 정치학을 부정하기 위한 것이었다.

이를 통해 리쾨르는 경제적 영역과 대립하는 정치적 영역의 자율성을 확보할 수 있었다. 여기에서 흥미로운 것은 헝가리 사태가 정치에 대한 혐오를 불러일으킨 것이 아니라 오히려 정치의 지위를 복권할 기회로 비쳐졌다는 사실이다. 여기서 리쾨르는 정치적인 것을 정치와 다른 것으로 개념화한다. 이런 점을 감안할 때 리쾨르가 말하는 '역설'이라는 것은 결국 정치와 정치적인 것의 차이, 더 나아가서 갈등을 의미한다는 것을 알 수 있다. 이 갈등의 원인을 리쾨르는 정치에 대한 정치적인 것의 자율성에서 찾고 있는 것이다.

리쾨르의 정의에 따르면 정치적인 것은 계급갈등으로 환원할 수 없는 인간관계를 지칭하고, 정치는 권력의 악마성을 가리킨다. 중요한 것은 이런 권력의 악마성은 '경제적 소외'로 환원해서 파악할 수 있는 것이 아니다. 현실사회주의는 이런 권력의 악마성을 적절하게 이해하지 못했고, 그래서 경제적 소외 문제를 해결하는 것만을 과업으로 삼았기 때문에 필연적으로 실패할 수밖에 없었다는 것이 리쾨르의 주장이다.

리쾨르의 용어법에서 정치적인 것은 권력에 대립적인 '살아 있는 관계'인 동시에 악마적인 권력의 속성이기도 하다. 어떻게 말하면 정치적인 것은 정치를 작동하게 만드는 엔진 같은 것이라고 말할 수 있겠다. 이런 구분법에 따르자면 정치적인 것은 '정체polity'를 뜻하는 것이라고 볼 수 있고 정치는 정책을 만들거나 결정하는 행위라고 볼 수 있다. 여기에서 정치적인 것은 합리적인 일치의 구현체고, 정치는 권력의 국면이다. 물론 이 둘은 불가분의 관계로서 '정치적인 것의 자율성'을 빚어낸다.

이후에 리쾨르는 정치적인 것을 가능하게 만드는 '합리성'을 입법의 문제로 좀 더 구체화하지만 초기에 정립한 분법을 포기하지 않는다. 정치적인 것은 헌법에 의해 국가가 운영되는 한 합리적이라는 것이 리쾨르의 생각이었다. 이런 관점에 따르면 정치적인 것은 정치와 대립하지만, 결코 독자적으로 존재할 수가 없다. 정치적인 것의 자율성은 상대적인 수준에 그치는 것이다. 리쾨르가 정치와 정치적인 것의 차이를 '역설'이라고 부른 까닭이 여기에 있다. 역설은 서로 다른 믿음이 '나란히' 있다는 말이 아닌가.

   철학자의 세계를 여행하기 위한 약도

이처럼 정치적인 것에 대한 리쾨르의 정의는 선구적이지만 그만큼 단순한 주장이기도 하다. 그러나 그의 개념화에서 핵심적인 것은 경제적인 합리성에 대해 정치적인 합리성의 자율성을 주장하는 것이었고, 이런 방식은 초기 프랑스 이론에서 정치로부터 정치적인 것을 구분해내는 틀을 제공하는 것이었다. 확실히 리쾨르의 용어법은 한나 아렌트와 다른 스펙트럼을 보여준다고 하겠다. 정치적인 것이라는 용어의 계보학에서 아렌트는 프랑스적 맥락과 다른 위치에서 정치적인 것을 정의한 이론가다. 정치적인 것에 대한 아렌트의 정의는 슈미트의 것과 다소 다르다.

아렌트는 정치적인 것을 자유의 공간이라고 파악했는데, 이는 정치적인 것을 권력의 공간으로 파악했던 슈미트와 다른 관점이다. 슈미트에게 정치적인 것은 적대와 갈등의 공간이라고 할 수 있지만 아렌트에게 이 공간은 공적인 협의를 보장하는 곳이다. 이런 맥락에서 우리는 정치적인 것에 대해 언급하는 이론들이 아렌트적인 관점과 슈미트적 관점으로 나뉜다는 사실을 짐작할 수가 있겠다. 아렌트와 슈미트라는 물줄기를 따라서 오늘날 우리가 목격하는 사상의 지세들이 뻗어 나오고 있는 것이다.

4

영국의 신좌파

'정치적인 것'에 대한 주목은 비단 프랑스의 이론가들에 국한해서 발생한 것은 아니었다. 프랑스의 영향을 직간접적으로 받은 영국의 '신좌파'도 문화학이라는 새로운 방법론을 통해 정치와 구분되는 정치적인 것에 대한 주장을 개진하고 있기 때문이다. 스튜어트 홀은 〈뉴 레프트 리뷰〉 50주년 기념호에 실은 회상기에서 영국 신좌파의 탄생 배경을 상세하게 알려주고 있다.

홀은 신좌파의 탄생을 유발한 두 가지 사건을 지목하고 있는데, 그 첫 번째는 리쾨르가 「정치적 역설」을 집필하게 만든 소련의 헝가리 혁명 진압이었고, 두 번째는 영국과 프랑스 연합군이 수에즈 운하 지역을 침공한 일이었다. 두 사건은 각각 '인간의 얼굴을 한 공산주의'에 대한 기대와 영연방의 공익성에 대한 희망을 접게 만들었다. 지식인들에게 이 사건들은 충격을 던져주기에 충분했다.

전후에 맞이한 경제 붐에 힘입어서 사회의 진보를 낙관했던 지식인들은 헝가리와 수에즈 사건을 계기로 현실사회주의 국가와 복지국가 모델 모두에 대한 회의를 품을 수밖에 없었다. 신좌파는 이런 회의에서 출발한 새로운 영국의 지식인 그룹이었다고 할 수 있다. 보통 신좌파를 지칭하기 위한 시기구분은 1968년에서 시작하는 경우가 많지만 홀은 이때 형성된 신좌파가 1956년 신좌파의 반복에 지나지 않는다고 말한다.

사상사적 입장에서 본다면 이런 홀의 지적은 틀렸다고 보기 어렵다. 앞서 살펴봤듯이 정치와 정치적인 것을 구분해서 후자의 의미를 되새겨보려는 새로운 사상의 흐름은 1956년 이후에 발생한다고 보는 것이 타당하다. 영국의 신좌파는 〈뉴 리즈너New Reasoner〉와 〈대학 좌파 리뷰Universities and Left Review〉를 각각 발간하던 세력들이 힘을 합쳐 〈뉴 레프트 리뷰〉를 창간하면서 결성되었다. 여기에서 흥미로운 사실은 영국의 신좌파에게 매체 발간이 대단히 중요한 '활동'에 속했다는 것이다. 이들은 매체를 발간하고 '사회주의 클럽'을 조직해서 정기적으로

200~300명의 청중을 모아서 강연회를 개최하는 '문화 활동'을 전개했다.

영국의 신좌파를 구성하는 세력 중 하나인 〈뉴 리즈너〉 그룹은 산업화 지역인 요크서 지역에 근거를 두고 있었는데,『영국 노동계급의 형성』*이라는 저작을 남긴 E. P. 톰슨이 대표적인 참여자였다. 〈뉴 리즈너〉 그룹의 특징은 인간주의로 대표된다고 할 수 있다. 이에 반해서 〈대학 좌파 리뷰〉 그룹은 런던에서 주로 활동하는 젊은 학생들로 주축을 이루었다. 이들 신좌파 그룹에게 시급했던 것은 현실사회주의와 복지국가 모델을 극복할 수 있는 제3의 길이었다. 이 길은 곧 현실사회주의와 현실사회민주주의에 대한 실망을 넘어서서 '정치적인 것'의 개념을 변형시키는 것이었다.

영국의 지식인들도 프랑스 지식인들과 마찬가지로 정치와 정치적인 것을 구분해서 전자보다 후자에 역동성을 부여하는 것이 주요한 정치적 기획이었다고 할 수 있겠다. 법인자본주의corporate capitalism의 포섭전략이 급속하게 정치사회적인 조건들을 변화시키고 있다는 것이 신좌파의 판단이었고, 여기에 대응하기 위해 마르크스주의를 혁신하고 전통적인 좌파의 관

---

* 에드워드 팔머 톰슨,『영국 노동계급의 형성』(전2권), 나종일 외 옮김, 창비, 2000.

점을 재정위할 필요가 있다는 생각이 지배적이었다.

전후에 맞이한 경제적 부흥에 고무된 다양한 분석은 마침내 분배의 문제를 복지국가나 케인즈주의적 거시경제학을 통해 완전히 해결했다는 지표를 던져주었다. 인간의 얼굴을 한 경영 혁명이나 복지정책의 확대는 협동조합주의corporatism라는 공동체적 합의를 공고하게 만들어주었다. 결과는 전통적인 계급관계를 침식하고 노동계급을 부르주아화하는 것이었다.

당연히 이런 상황을 '새로운 국면'으로 보는 그룹과 낡은 것의 귀환으로 보는 그룹이 대립할 수밖에 없었다. 정통 마르크스주의 지식인들은 이런 현상을 일시적인 것으로 보고, 그 배후에 전혀 변하지 않은 현실이 가로놓여 있다고 생각했다. 겉으로 변한 것처럼 보이지만 사실은 아무것도 변한 것이 없다는 아주 단순한 결론이었다. 계급과 계급투쟁은 건재하고 이를 의심하는 것은 반혁명적인 것이라는 관점이 팽배했다. 장구한 영국 노동계급의 역사를 감안한다면 충분히 이해할 수 있는 분위기다.

당연지사지만 신좌파는 이런 '구좌파'의 의견과 팽팽하게 맞서면서 '문화학'이라는 새로운 방법론을 정립한다. 신좌파의 주장에서 핵심적인 것은 사회적이고 문화적인 변화라는 것이 모순적이고 정치적으로 결정적이지 않다는 사실이다. 신좌파의 문화학은 양가적이기 때문에 결정하기 곤란한 어떤 문화적 현상을 통해 정치적인 것을 발굴해내는 작업을 의미했다. 교조적인 마르크스주의에서 벗어나서 일반적인 의미에서 운위되는 정치의 개념을 비판적으로 검토하면서 정치적인 것의 외연 확장을 도모했던 것이다. 개인적인 것이 정치적이라는 신좌파적인 주장은 '사적인 문제'와 '공공적인 쟁점' 사이에서 팽팽하게 긴장을 유지하는 변증법을 전제한다. 결국 신좌파가 말하고 싶은 것은 이 둘의 접점에 대한 것이라고 할 수 있다.

이런 측면에서 신좌파의 문화학은 '반이론적' 입장에서 출발한다. 물론 테리 이글턴처럼 알튀세르주의를 도입하는 경향도 없지 않았지만 홀이나 페리 앤더슨의 경우에서 확인할 수 있듯이 신좌파에게 깊은 영향을 미친 사상가는 안토니오 그람시였다. 반이론적 입장이라는 것은 특정한 이론을 통해 현실의 문제를 진단한다기보다 오히려 현실에 개입해서 정치적인 것의 역동성을 포착한다는 것에 가까웠다. 따라서 신좌파에게 '문화'라는 영역은 문화철학이나 인류학에서 다루는 특정 대상을 의미하는 것이 아니라 자본주의 생산양식의 변화가 고스란히 드러나는 헤게모니의 장이었다. 신좌파는 생산력주의와 경제주의에 매몰되어 있었던 현실사회주의에 대한 비판적 태도를 견지하면서 정치적인 것으로 관심의 초점을 옮겨 왔던 것이다. 이 가정에서 문화는 정치적인 것이 출몰하고 갈등하는 영역으로 받아들여졌다고 하겠다.

물론 신좌파 중에서도 문화 분석에 대한 관점은 다양했다. 크게 보아 두 가지 경향으로 나눌 수 있는데, 겉으로 변화가 있었지만 근본적인 계급구조는 변하지 않았다고 보는 견해와 매스미디어의 등장과 문화산업에 대한 대규모 투자 같은 문화적 변동이 근본적인 사회구조에 영향을 미치고 있다는 견해가 그것이었다. 전자는 훨씬 근본주의적인 것으로 받아들여지고 후자는 다소 수정주의적인 것으로 받아들여지지만 문화적 영역을 어떻게 바라보는가에 따라서 그 대응도 달라진다고 할 수 있다. 문화를 소비주의에 현혹된 것으로 보는 관점은 정치적인 것을 내포하고 있는 장으로 문화를 바라보는 관점과 차별성을 가진다.

그러나 홀의 주장처럼 실제로 수정주의처럼 보이는 이 관점이야말로 오히려 급진적인 것일 수가 있다. 새로운 사유재산 개념의 출현, 기업조직과 고용형태의 변화, 역동적인 축적체계와 소비방식이 자본주의를 주도하는 상황에서 과거처럼 근본적인 토대는 변하지 않았다고 생각하는 것 자체가 설득력을 갖기 어려운 태도라고 하겠다. 아이러니하게도 이런 신좌파의 입장 자체가 근원적이고 급진적이기 때문에 마르크스주의를 수

정할 수밖에 없는 임무에 처하게 되었다고 보는 것이 타당하다. 루카치가 말했듯이 시대별로 우리는 숱한 '마르크스주의들'을 가질 수 있다. 그리고 이렇게 다채로운 마르크스주의들이야말로 가장 급진적인 마르크스주의를 가능하게 만든다는 것이 신좌파의 소신이었던 것이다. 그리고 이런 소신은 협소한 개념으로 정치를 규정하는 구좌파적 입장에 반대하면서 일상생활 도처에 정치적인 것이 편재하고 있다는 새로운 '발견'으로 신좌파를 나아가게 만들었다고 할 수 있다.

5

\

이탈리아적인 차이

현대 사상의 지형도에서 빼놓을 수 없는 곳이 또한 이탈리아일 것이다. 조르조 아감벤과 안토니오 네그리를 제외하고 유럽의 사상 흐름을 논할 수 없는 것은 둘째 치더라도, 로렌초 키에사나 알베르토 토스카노처럼 영국에서 왕성한 활동을 펼치고 있는 신진 이론가들도 무시할 수 없기 때문이다. 물론 상당한 이론적 차이를 보이는 이들을 이탈리아인이라는 이유만으로 단일한 그룹으로 묶을 수는 없겠지만 그래도 영국과 프랑스, 그리고 독일과 변별할 수 있는 '이탈리아적인 차이'를 이들이 만들어내고 있다는 사실을 부정하기는 어렵다.

어떤 면에서 이탈리아는 한국의 상황과 비슷한 지적 풍토

를 드러내는 국가인 것처럼 보인다. 완강한 가톨릭 보수주의
가 지배적인 국가에서 이탈리아의 지식인들은 유럽의 중심과
구별되는 온도차를 느낄 수밖에 없다는 측면에서 그렇다. 『이
탈리아적인 차이』*의 서문에서 키에사와 토스카노는 17년간
식물인간 상태로 지낸 한 여성의 아버지가 그녀를 안락사시키
기로 결심했을 때 정부와 교회가 나서서 이를 저지한 사건에
대해 언급하고 있는데, 이런 사실에서 이탈리아는 북유럽과
상당히 다른 지배체제의 권위주의가 일상화되어 있다는 것을
알 수 있다.

이 여성의 안락사를 반대하는 기자회견에서 이탈리아의 수
상 실비오 베를루스코니는 "이 여성이 아직도 젊고 생리를 하
는 것으로 보아 충분히 아이를 낳을 수 있는 능력을 가지고 있
기 때문에" 안락사를 시킬 수 없다고 주장했다. 한 마디로 이들
은 국가권력을 '예외적'으로 사용해서 한 여성의 생명을 '수호'
한 것이다. 이에 대해 키에사와 토스카노는 아감벤의 용어인
생명정치의 "예외성"이 이탈리아의 상황어서 참으로 외설적으
로 구현되었다고 말한다. 물론 이런 예외적 상황에서 아감벤의

* Lorenzo Chiesa and Alberto Toscano, *The Italian Difference: Between Nihilism and Biopolitics*, re.press, 2009.

용어에 묻어 있는 하이데거적인 엄숙함은 내파되어버린 것처럼 보이지만 말이다.

정작 이탈리아에서 하이데거적인 비장미를 간직한 예외적 인간 '호모 사케르'는 세속적 차원에서 국가와 교회에 의해 변용되어 나타나고 있는 것이다. '예외적 인간'이나 '소수자'를 보호하기 위해 권력을 '예외적'으로 사용하는 이탈리아에서 지식인들은 어떤 선택을 할 수 있겠는가? 이들이 주목할 수밖에 없는 것은, 당연한 일이지만 다른 유럽국가와 확연하게 구분할 수 있는 이탈리아적인 특수성이다. 이탈리아에서 이 논의는 긴 역사를 가지고 있다. 어떻게 보면 20세기 초반 미래파의 등장부터 이탈리아 지식인들은 다른 유럽국가와 구별할 수밖에 없는 이탈리아적인 것의 차이를 이야기해왔다고 생각할 수 있다.

따라서 이탈리아적인 특수성을 어떻게 볼 것인가에 따라서 다양한 논의들이 이탈리아의 사상 흐름을 주도했다는 사실은 새삼스러운 일이 아니다. 이런 과정을 통해 우리가 익히 알고 있는 다채로운 마르크스주의의 이탈리아 판본들이 탄생한 것이다. 이탈리아적 특수성은 기 드보르가 지적했듯이 폭력과 압제의 이미지로 점철되어 있는 것처럼 보였다. 여기에서 주목해야 할 점은 기 드보르가 이탈리아를 하나의 '실험실'로 파악했다는 사실이다. 관광엽서에 등장하는 '아름다운 이탈리아^{belle Italia'}와 정반대의 풍경을 기 드보르는 발견한 셈인데, 이런 실상을 '실험실'로 규정함으로써 이탈리아는 다른 유럽의 국가에서 일어날 수 없는 '새로운 것'이 출현할 수 있는 공간으로 여겨지게 되었던 것이다.

이런 기 드보르의 문제의식은 네그리와 『제국』*을 함께 집필한 마이클 하트에게도 이어진다. 하트는 탈노동자주의적인 급진이론의 가능성을 타진하면서 이탈리아를 "새로운 정치적 사유의 형태"가 출현할 수 있는 인큐베이터로 간주한다. 물론 이런 이탈리아의 특수성은 '제국^{empire}'이라고 지칭할 수 있는 경제적 영역에 대한 탈근대화와 사회문화적 영역에 대한 미국화라는 '총체적 국면'과 밀접하게 관련을 맺을 수밖에 없다는 전제를 깔고 있지만 말이다.

한국의 지식인과 유사한 처지에 놓여 있는 것처럼 보이는 이탈리아 지식인들은 근대적 자유민주주의 국가의 수립을 지연당한 역사적 경험을 보편화하면서 특유의 이론들을 정립하려고 노력했다. 이런 이탈리아적인 예외주의야말로 이탈리아적인 차이를 인준하는 하나의 이념이라고 해도 무방할 것이다. 에릭 홉스봄의 지적처럼 아이러니하게도 이런 이탈리아적인

---

* 안토니오 네그리·마이클 하트, 『제국』, 윤수종 옮김, 이학사, 2001.

     철학자의 세계를 여행하기 위한 약도

예외주의를 만들어낸 것은 민족주의의 보편화와 무관하지 않다. 역사의 진행이라는 관점에서 본다면 민족주의는 오늘날 우리가 상상하는 그 독일과 이탈리아를 만들어낸 결정적 이데올로기다. 따라서 문제는 이런 이데올로기를 떠받치고 있는 현실에 대한 이론적 탐색이 이탈리아적인 상황에서 우선할 수밖에 없다는 사실이다.

이탈리아적인 차이에 가장 주목하고 있는 당사자는 바로 네그리다. 그는 이탈리아의 지식계에 영향력을 주고 있는 하이데거주의를 '약자의 사고'라고 지칭하면서 비판적인 입장을 취한다. 네그리는 약한 사고와 대립적인 관점에서 '근육질'을 갖춘 혁명적 주체성의 정치적 존재론을 역설한다. 다소 자의적인 느낌을 주기는 하지만 강한 자의 사고와 약한 자의 사고를 구분하는 네그리의 분류법은 정치적인 것과 형이상학적인 것, 그리고 문화적인 것을 둘러싼 이탈리아의 논쟁에 중요한 계기를 제공했다. 네그리가 촉발한 논의는 이탈리아적인 상황에 영향을 미친 유럽사상에 대한 점검을 요청하게 되었고, 이를 통해 '창조적인 차이'로서 이탈리아적인 이론에 대한 필요성이 대두하게 되었다.

이런 과정은 필연적으로 이탈리아적인 상황에서 벌어지는 유럽 이론들의 백가쟁명을 내포할 수밖에 없다. 흥미로운 것은 극단적으로 특이한 편협성과 강력한 보편성이 마르크스주의라는 매트릭스에서 서로 충돌을 일으키는 생생한 장면들을 이탈리아의 사상 지형도에서 읽어낼 수 있다는 사실이다. 예를 들어 네그리가 마르크스주의를 푸코나 들뢰즈의 이론과 버무려서 내놓는다면, 피에르 알도 로바티 같은 반대자는 이런 프랑스산 이론이야말로 '약한 자의 사고'를 그대로 보여주는 사례에 지나지 않는다고 비판한다.* 프랑스산 이론에 대한 비판은 이탈리아적인 이론의 변형에 지대한 영향을 끼친 하이데거주의에 대한 문제제기와 맥이 닿아 있는 것이기도 하다.

그러나 정작 네그리는 이런 하이데거주의를 비판하는 입장인데, 오히려 지아니 바티모나 아감벤이 하이데거의 색채를 강하게 띠고 있다고 보는 것이 타당할 것이다. 그 누구보다도 하이데거적인 느낌을 강하게 풍기는 아감벤은 역설적으로 약한 자의 사고에 대한 비판을 비껴가고 있다는 점도 특기할 만하다. 아감벤은 토종 이탈리아 이론가들에게 비판적인 검토 대상인 프랑스산 이론에 누구보다 경도되어 있는 이론가고, 하이데거주의는 물론 푸코의 생명정치와 통치성에 대한 이론을 자신

---

* Chiesa and Toscano, *The Italian Difference: Between Nihilism and Biopolitics*, re.press, 2009, 4쪽. 이에 대한 로바티 자신의 논의는 다음을 참조할 것. Pier Aldo Rovatti, *Inattualità del pensiero debole*, Forum, 2011.

 철학자의 세계를 여행하기 위한 약도

의 이론에 활용하고 있다. 또한 아감벤은 강자의 사고를 주창하는 네그리와 달리 약자의 사고를 중요한 이론적 근거로 제시하는 입장이라는 사실에서 이탈리아의 사상지형도에서 ‘예외적인 입장’을 취하고 있다.

네그리의 파리 망명 사건에서 확인할 수 있듯이 1980년대 이탈리아는 역사적으로 반동의 시기였다. 한국에서 광주가 그랬듯이 권력에 의한 민중운동 탄압은 극에 달했고, 이에 따라서 ‘약한 자의 사고’가 중요하게 부각되기 시작했다. 프랑스를 경유해서 보완되고 풍부해진 프랑스산 이론들은 이런 이탈리아적 특수성을 보편화하기 위한 ‘외부적’ 관점을 제공했다. 넓게 본다면 아감벤도 이런 이탈리아적 조건에서 ‘호모 사케르’라는 개념을 만들어낸 것이라고 볼 수 있겠다. 이렇듯 오늘날 이탈리아의 사상 흐름은 민족적인 특이성을 바탕으로 국제적인 보편성의 구현이라는 ‘이론화’의 길을 걷고 있는 것처럼 보인다는 점에서 주목할 만하다.

6

철학과 아시아

우리에게 언제나 서양 사상은 '첨단의 노러'였다. 김수영이 「서시」에서 "성장은 소크라테스 이후의 모든 현인들이 하여온 일"이라고 썼을 때부터 서양 사상의 수입에 더한 반성은 진지하게 제기되었다고 할 수 있다. 물론 이론은 보편적인 것이고, 근대적 세계관을 특징화하는 과학적 사유는 동서양의 구분을 무의미하게 만드는 것이기도 하다. 그러나 보편성을 가능하게 만드는 것은 언제나 실천의 구체성이고, 들뢰즈의 말처럼 '영토'라는 터전이다.

영토는 사유이미지를 터잡아주는 경계이자 토대이다. 따라서 서구사상과 다른 차원에서, 우리의 터전에서 발생하는 이론

에 대한 모색은 여러 인문학적 작업 중에 취할 수 있는 하나의
선택사항이라기보다 인문학 자체를 규정하는 근본문제기도
한 것이다. 이런 측면에서 우리에게 인문학은 '수용의 문제'기
도 하다.

　하이데거가 서양 철학을 일러 '백인 남성의 것'이라고 지칭
했을 때 인류사를 형성해온 사상의 지평은 새로운 국면을 맞이
했다고 할 수 있다. 조르주 바타유처럼 하이데거의 논리에 근
거해서 동양은 자신의 내적 경험을 기술할 수 있는 현대적 언
어를 획득하지 못했다고 말하더라도 이런 발언에서 동양과 서
양이 서로 다른 '내재성'을 가졌다는 사실을 전제하는 구도를
읽어내기란 어렵지 않다. 결국 서양 사상의 언어가 보편적일
수 없다는 것, 다시 말해서 동양이라는 '타자'를 설득시키지 않
는 한 서양 사상은 '전 지구적'일 수 없다는 사실이 여기에서 드
러난다.

　이런 상황에서 동양과 서양은 20세기를 거치면서 사회주의
와 자본주의라는 체제적 양분에 따른 역사적 경험에서도 상당
한 차이를 보여줬고, 이 와중에 중국이 세계경제의 중심으로
부상하면서 서양 사상을 떠받치고 있는 가치체계와 다른 가치
들에 대한 관심들이 중요한 인문학적 관심사로 떠오르는 것이
라고 하겠다. 얼마 전에 타개한 조반니 아리기의 작업들은 자

본주의의 내부로서 중국의 사회주의를 일반화하는 것이 아니라 그 바깥에서 다른 체제를 만들어낼 수 있는 가능성을 '서양의 타자'에서 발견하려는 것이라고 할 수 있다.

이런 상황들이 우리에게 시사해주는 것은 의미심장하다. 새롭게 펼쳐지고 있는 국면들이 잘 말해주고 있듯이 지금까지 일방적으로 서양에서 동양으로 진행해왔던 사상이나 이론의 '이동' 과정에 대한 습관적 인식을 수정해야 할 지경에 이르고 있는 것이다. 말하자면 과거처럼 무조건 서구가 최신 이론을 생산하고 그것을 비서구가 수용하는 방식으로 이론의 이동이 이루어지지 않을 것이라는 뜻이다. 이런 역전현상은 단순하게 객관적 조건의 변화 때문에 발생한다기보다는 비서구적 영토에 근거한 새로운 사유방식의 출현을 통해 일어나는 것이다.

따라서 최근 눈에 띄고 있는 왕후이와 가라타니 고진의 작업들은 단순하게 서구의 이론을 중국과 일본 사회를 위한 분석의 도구로 사용하는 차원을 넘어서서 서구의 근대성에 근거한 이론적 탐색과 다른 방식으로 어떻게 사유가 구성될 수 있는지를 탐색하는 중요한 작업이라고 할 수 있다. 이런 의미에서 왕후이와 가라타니 고진은 서구 사상의 말석을 차지한다기보다 그 사상 전개의 첨단에 놓여 있다는 사실을 새삼스럽게 되새길 필요가 있다.

『트랜스크리틱』*을 통해 자신의 존재감을 세계사상의 지도에 보탠 가라타니 고진의 행보는 이런 맥락에서 중요한 기점들을 제기한다고 볼 수 있다. 한때 한국 사상계에서 감춰진 기원이었던 가라타니 고진은 칸트와 연계해서 마르크스를 읽어내는 독특한 시각을 통해 세계적인 주목을 받고 있다. 가라타니 고진의 칸트 읽기는 궁극적으로 윤리에 대한 관심과 무관하지 않다. 가라타니 고진은 일본 내에서 붐을 이루었던 탈근대이론의 수입에 상당히 비판적인 관점을 견지하면서 마르크스와 칸트를 일본의 문맥에 맞춰서 새롭게 읽는 작업을 수행했다.

이 작업의 의미는 단순하게 '텍스트 다시 읽기' 따위에 그치는 것이 아니라 일본 사회에 만연한 '무책임성'에 대한 치열한 반성을 통해 서양 사상에서 제기하는 가치들의 문제를 재점검해보는 것이기도 하다. 사실 『트랜스크리틱』이 탈근대이론의 문제점을 넘어선 이론적 탐구를 보여주는 것이라면 『윤리21』**은 이런 서양의 고전 텍스트를 '가능성의 중심'에서 읽고자 하는 가라타니 고진의 속내를 솔직하게 드러낸 저작이라고 할 수 있다. 이 책의 서두를 장식하고 있는 에피소드는 "부모의 책임

---

* 가라타니 고진, 『트랜스크리틱』, 송태욱 옮김, 한길사, 2005.
** 가라타니 고진, 『윤리21』, 송태욱 옮김, 사회평론, 2002.

을 묻는 일본의 특수성"에 대한 것이다. 우명한 고베 시 중학
생 사건에서 '연소자' 범죄를 사회적인 관점에서 조망하지 않
고 '부모의 책임'이라는 관점에서 바라보는 일본 사회의 '특수
성'을 가라타니 고진은 지적하고 있다. 사건을 저지른 부모가
사죄하는 것을 당연하게 받아들이는 일본 사회에서 가라타니
고진은 서양적 가치체계를 호소하는 '윤리'의 문제를 검토하고
있는 것이다.

가라타니 고진은 일본의 침략전쟁에 대해 사죄를 요구하는
아시아 나라들을 무시하고 사죄에 응하는 정치가를 규탄하는
신문일수록 부모의 책임을 과도하게 요구하는 모습을 거론하
면서 "애당초 이 사람들에게 '책임'이란 무엇인가" 하고 묻는
다. 이 물음에 해답을 제시하기 위해 가라타니 고진은 칸트로
복귀한다. 선악의 기준을 부여할 사회가 부재할 때, 아니 설령
사회가 있더라도 그 사회가 규정하는 선악의 기준이 아무런 힘
을 발휘하지 못할 때 어떻게 윤리가 가능할 수 있는가에 대해
가라타니 고진은 고민하고 있는 것이다. 그래서 그가 제시하고
있는 것이 바로 "도덕성을 '자유'로 간주한" 칸트다. 외부가 아
닌 내부에서 도덕의 기준을 마련하는 것, 다시 말해서 내부의
도덕이 곧 외부의 자유를 보증해주는 것이 될 수 있는 경우를
가라타니 고진은 비서구의 근대화에 필요한 윤리라고 파악하

고 있는 셈이다.

가라타니 고진과 다른 관점이긴 하지만 역시 비슷한 맥락에서 왕후이는 서구 근대화와 다른 방식으로 가능한 근대화의 과정에 대한 천착을 지속적으로 수행하고 있다. 왕후이는 자본주의와 사회주의로 양분하고 동양과 서양을 구분했던 과거의 분류체계를 함께 아우르기 위해 '근대성'이라는 범주를 중요한 이론적 교두보로 확보한다. 가라타니 고진이 『일본 근대문학의 기원』*을 통해 수행하고자 했던 목적과 비슷하긴 하지만, 그보다 더 발생론적인 관점에서 왕후이는 자본주의적 근대화와 다른 모델을 발굴하기 위해 중국의 사상사를 파고 들어간다. 이를 통해 왕후이는 서구 근대화의 '거울상'으로서 일본의 근대화 문제를 거론했던 가라타니 고진의 문제의식을 넘어서서 비서구적 근대성의 모델을 중국의 사례를 통해 제시하고자 한다.

1990년대 이후 왕후이는 신좌파의 대표주자로서 중국 내에서 끊임없이 근대성과 관련한 문제제기를 해온 것으로 명성을 쌓았다. 중국 지식계에서 그의 존재는 이제 독보적인 위치를 점하게 된 것처럼 보이는데, 얼마 전에 그동안 집필한 글들을 모아서 『혁명의 종언: 중국과 근대성의 한계』**라는 책을 영국

---

* 가라타니 고진, 『일본 근대문학의 기원』, 박유하 옮김, 도서출판b, 2010.

에서 출간함으로써 서구사상사에 대한 개입을 본격화하고 있다. 물론 그의 주저는 중국에서 나온『중국 근대사상의 흥기』***고, 이 작업에서 왕후이는 중국이 유럽보다 더 많은 부를 축적하고 자본주의에 가장 근접한 경제체제를 갖추고 있었음에도 자본주의적 근대를 달성하지 못한 원인에 대한 서구학자들의 의문점들을 해소해줄 야심찬 기획을 진행하고 있다는 것이 학계의 평가다.

가라타니 고진과 왕후이를 지켜보고 있으면 상대적으로 침묵에 빠진 한국의 지식계를 생각하지 않을 수가 없다. 인하대학교 철학과 김진석 교수는 언젠가 한국은 '이론 생산'에 실패한 사회라고 지적하면서 이론이 아니라 다른 실천의 맥락을 찾아나가야 할 것이라고 말했지만 바로 이런 실패의 지점에 세계사상의 흐름에 힘을 보탤 수 있는 이론 생산의 근거가 있을지도 모른다. 물론 이것을 굳이 '한국적'이라고 불러야 할 이유는 없겠지만 여하튼 김진석 교수가 예측했던 그 지점보다 세계사상사의 지도가 훨씬 확장되고 있는 것은 사실이다. 그 흥미진진한 전환의 시기에 우리가 서 있는 것이다.

** Wang Hui, *The End of the Revolution: China and the Limits of Modernity*, Verso, 2011.
*** 汪暉,『現代中國思想的興起』, 三聯書店, 2008.

　　　　　　　　철학자의 세계를 여행하기 위한 약도

철학자들을
만나다

슬라보예 지젝
Slavoj Žižek

사유를 시작하라!

"사유를 시작하라는 말을 해주고 싶다. 자동적으로 생각하지 말기를 바란다. 종교만 해도 복잡하다. 내가 믿는 신이 다른 사람에게도 신일 수 없다. 서로 교환되지 않는다. 이런 걸 고민해야 한다."

이택광 — 지금부터 이야기할 내용은 일반적인 의미에서 자본주의의 위기에 대한 것과 구체적인 사안에 대한 당신의 의견이다. 지금 우리가 목격하고 있는 이 위기의 본질은 무엇인가? 최근 다보스 포럼에서도 나온 말이지만 실제로 그들조차도 자본주의의 종언을 말하고 해결책을 만들고자 한다. 당신 의견은 어떤가? 이런 위기가 치유될 수 있다고 보는가?

지젝 — 나는 이런 위기가 파국을 목격하고 있는 것이라고 생각하지 않는다. 위기의 지평에 다양한 문제들이 나타나는 국면이다. 정치와 금융경제 영역, 재산권 문제, 생명공학윤리가 복합되어 있다. 이건 좀 더 장기적으로 봐야 하는 위기다. 최종지점을 향해서 나아가고 있는 위기기 때문에 단기 처방을 내린다고 해결할 수 있는 문제가 아니다. 예를 들어 생태학적인 관점에서 보자면 시장주의적 조건 내에서 자본주의의 위기는 해결될 수가 없다. 금융체계라거나 점점 더 강화시킬 수밖에 없는 규제, 지적재산권, 그리고 사유재산 같은 문제가 어떤 지적인 해결책으로 귀결될 수 있다는 것이 아니다. 지금까지 책이나 최신 지식처럼 이미 알려진 지적 업적을 통해 이 문제를 해결하기 어렵다. 우리는 신세계질서의 붕괴를 경험하고 있다. 슬럼과 배제된 자로 가득 찬 것이 바로 우리가 살고 있는 신세계다. 이 와중에도 한국이나 싱가포르 같은 새로운 국가들은 발전하고 있는 것처럼 보이지만 문제는 더욱 악화되고 있다. 나는 지금 존재하는 어떤 제도 내에서도 이런 문제를 해결할 수 있다고 생각하지 않는다. '월스트리트를 점령하라' 운동이 남긴 큰 교훈도 이런 것이라고 본다. 이 운동이 명백하게 보여준 것은 위기의 체제, 또는 정치가 작동하는 방식이 한계에 봉착했다는 것이다. 이 위기가 위험하게 보이는 것은 우리에게 단순하고 단일한 해결책이 존재하지 않기 때문이다. 나는 일종의 좌파긴 하지만 20세기에 제기되었던 사회주의 같은 해결책이 성공적이었다고 믿지 않는다. 새로운 공산당 운동 같은 것을 조직할 수 있다고 생각하지 않는다. 이런 실패한 기획들을 우리는 버려야 한다. 그렇다면 무엇을 할 것인가? 이것이 위험의 실체다. 위기가 왔는데 아무도 무엇을 할 것인지에 대해 제시하지 못한다. 월스트리트 점령 시위 현장에서 내가 많은 사람들에게 연설을 하기도 했지만, 뉴욕뿐 아니라 다른 도시에 모인 사람들도 무엇을 해야 하는지 알지 못했다. 유럽의 경우도 마찬가지로 유일한 해결책이라는 것이 테크노크라트들에게 권력을 주는 것이다. 그리스, 이탈리아 같은 나라에서 보듯이 전문가들을 찾는 것이 무슨 해결책처럼 제시되고 있다. 이런 이들을 믿지 말아야 한다. 진짜 해결책 같은 것을 지금 마련할 수는 없다.

이택광 — 그렇다면 우리는 그냥 앉아서 자본주의의 파국을 기다려야 한다는 말인가?

지젝 — 아니다. 우리는 움직여야 한다. 물론 그 파국을 기다려야 하는 것은 맞다. 그러나 가만히 앉아서 마지막을 기다려야 한다는 말이 아니라 다양한 활동을 전개해야 한다. 회합을 조직하고 사회적인 연대나 사회운동을 전개하는 것이 필요하다. 다만 이런 운동들이 손쉬운 해결책을 만들어낼 것이라고 생각하지 말아야 한다. 우리가 해야 할 일은 무엇이 일어나고 있는지 사유하기 시작하는 것이다. 우리는 지금 집단적인 신념의 세계에 살고 있지 않다. 이런 상황에서 파국에 대해 이야기하는 것이 너무 유행에 휩쓸린 것처럼 보이기도 한다. 우리는 리

     슬라보예 지젝: 사유를 시작하라!

얼리티에 직면할 준비가 되어 있지 않다. 빠른 해결책을 기대할 수가 없다. 새로운 운동의 형태가 출현하고 있다. 월스트리트 점령 운동도 마찬가지다. 이 운동은 과거처럼 권력을 장악하는 것이 아니다. 유럽의 예도 마찬가지다. 스페인에서도 '분노하라'라는 거대한 운동이 있었다. 그들은 저항했지만 자신들이 원하는 모든 것을 했던 것은 아니다. 이것은 어떤 깨어난 소명 같은 것이다. 말하자면 무엇이 일어나고 있는 것인지, 우리의 문명이 무엇을 의미하는지, 우리가 원하는 기술은 무엇인지 등 다양한 문제에 대해 생각하기 시작했다는 사실을 암시한다. 이제야 이 모든 것에 대한 생각이 시작되고 있는 것이다. 해결책을 이야기할 것이 아니라 이 사실에 주목해야 한다.

이택광 — 요즘 당신은 자본주의의 대안으로 공산주의에 대해 이야기하기 시작했는데, 그것과 당신의 이야기는 어떤 관계가 있는가?

지젝 — 명확하게 하자. 나에게 공산주의라는 것은 대안이나 해결책이 아니다. 공산주의 또는 생태주의적 유물론의 관점에서 정의할 수 있는 문제가 있다. 우리가 다 함께 공유하고 있는 자연에 대한 이야기를 할 수 있다. 이런 것은 파국에 대한 해결은

아니겠지만 [이 기준에서] 어떤 국가가 좋고 어떤 국가가 나쁜
지에 대해, 생명공학 같은 구체적인 문제에 대해 무엇을 할 것
인가, 누가 지적재산을 관리하고 있는가, 갈수록 사유화되고
있는 공통의 지식에 대해, 공통적인 것의 문제, 달리 말하자면
우리 삶을 떠받치고 있는 자연적이고 문화적인 토대에 대해 심
사숙고할 수 있을 것이다. 이것은 대안이라는 의미에서 공산
주의가 아니다. 이것이 오로지 우리가 할 수 있는 일이다. 염세
적으로 들릴 것이다. 나는 단순한 반자본주의자가 아니다. 자
본주의는 지금까지 인류의 역사에서 가장 생산력이 높은 체제
라고 할 수 있다. 과거 40~50년 동안 한국이 이루어온 것을 봐
라. 중국도 마찬가지다. 중국이 나에게 준 충격은 새로운 생각
을 하게 만들었다. 아마 여러분도 동의할 것이다. 작년 3월 중
국 전인대*가 열렸을 때 온 세계가 중국의 결정에 관심을 집중
했다. 중국이 새로운 세계강국으로 부상하기 위해 국방 예산을
2배로 올릴 것이라고 모두가 예상했던 것이다. 그런데 무슨 일
이 일어났는지 기억하는가? 중국은 오히려 내수 확대를 위한
예산을 2배 증액했다. 재정정책 같은 경제 문제 해결에 우선순
위를 둔 것이다. 이것이 바로 자본주의의 역설이다. 생산력은

---

* 2011년에 있었던 전국인민대표자대회를 의미한다.

　　　　　　　　　　　　슬라보예 지젝: 사유를 시작하라!

증가하지만 동시에 위험도 높아진다. 이런 위험이 서서히 증가할 것이라고 생각한다. 물론 한국이나 터키처럼 직접적으로 위험에 노출되지 않은 운 좋은 국가들도 있다. 한국이나 터키, 그리고 라틴아메리카 몇 개국이 그렇다. 그러나 이런 국가들은 예외적인 것이다. 나는 우리가 위기를 향해 나아가는 중이라고 주장한다. 그렇기 때문에 무턱대고 무엇인가를 실행하는 것이 아니라 한발 뒤로 물러나서 이 상황을 주시하면서 무슨 일이 벌어지고 있는지 생각하기 시작해야 하는 것이다.

이택광 — 생각을 하라는데, 무엇에 대해 생각을 해야 하는가?

지젝 — 무엇을 해야 할 것인지에 대해 생각해보자는 것이다. 예를 들어 지금까지 우리가 해온 것은 금융자본주의다. 모두가 동의하는 것이다. 이 때문에 위기가 왔고, 이 위기의 긴장을 어떻게 통제할 것인지 고민한다. 우리는 지금 새로운 시대로 접어들고 있다는 것을 알고 있다. 예를 들어 생명윤리나 심지어 심리적 성격, 그리고 유전자 조작, 이 모든 문제를 어떻게 조정해야 할지 생각한다. 다양한 국가들, 중국이나 라틴아메리카나 많은 국가에서 많은 이가 공공체계로부터 배제되어 있다. 이슬람 문제도 그렇다. 이런 것들이 사회긴장을 초래하고 갈등을 만들어낸다. 작년에 대규모 도심 폭동이 있었다. 이 폭동은 어 떤 질서를 회복해야 한다는 저항행위가 아니었다. 정치적이거 나 경제적인, 또는 합리적인 요구가 없었다. 말 그대로 특별한 의미가 없는 순수한 폭력의 현신이었다. 가게를 약탈하고 물 건을 파괴했다. 몰려다니면서 약탈을 자행하고 자동차를 불태 우기도 했다. 참으로 혼란스러운 폭력이었는데, 이것이 중대한 신호라고 생각한다. 상징적인 사건이었던 것이다. 말하자면 이 런 폭력의 행동들이 어떤 일관된 프로그램으로 번역될 수가 없 다는 사실이 충격적이었다. 무엇을 원하지도 않았고 아무것도 생각하지 않았다.

이택광 — 그렇다면 행동은 하되 아무것도 할 수가 없다는 말이 되는 것 아닌가? 이런 당신의 주장이 비판을 받는 것처럼 보인 다. 당장 무엇을 해야 할 것인지에 대한 구체적인 대안을 주지 않는다는 것이다.

지젝 — 아니다. 아무것도 할 수가 없다는 것이 아니라 [언제 실 현될지 모를] 장기적인 해결책에 매달리지 말고 지금 당장 할 수 있는 것을 하자는 말이다. 물론 이런 폭동의 군중들이 해결 책을 만들지 못한다. 그러므로 당연히 구체적인 문제를 해결하기 위해 시도해야 한다. 금융자본 문제를 바로잡기 위해 은행 구제를 요구해야 하고, 정의의 문제를 고민해야 하고, 행동에 나서야 한다. 그러나 이런 과정이 위기 자체를 사라지게 하지 못한다. 위기가 점점 더 깊어질 것이라는 사실을 알 필요가 있다. 그리고 장기적인 관점에서 무엇인가 근본적인 변화가 일어날 것이다. 그때 이 특정한 문명, 이 지구상에 있는 전지구적 자본주의, 근대자본주의, 탈산업자본주의, 뭐라고 부르든 언젠가 이 문명은 한계에 도달할 수밖에 없다. 중국의 교훈이 이것을 말해준다. 싱가포르와 마찬가지로 중국은 매우 흥미로운 사례다. 물론 중국이 그렇게 안정적이라고 말할 수는 없다. 우리에게는 자본주의와 민주주의가 함께 간다는 믿음이 있다. 한국을 보면 알 수 있다. 군사독재를 거쳤지만 자본주의가 작동하기 시작하면서 민주주의가 발전했다. 이것을 나쁘다고 말할 수는 없다. 그런데 싱가포르나 중국 같은 경우는 자본주의와 민주주의가 같이 가지 않았다. 그런데도 매우 성공적이고 역동적인 자본주의 경제를 이룩했다. 이 국가들의 체제를 민주주의라고 말하기는 어렵다. 그렇지만 자본주의는 매우 잘 돌아가고 있다. 이 사태는 프랜시스 후쿠야마 같은 자유주의자가 말했던 것과 다른 공산주의의 종언이라고 할 수 있다. 그렇다. [후쿠야마의 선언처럼] 자본주의는 이겼다. 그런데 그 이겼다는 것이 과거 공산주의 국가에서 최고였던 공산주의자가 훌륭한 자본가가 되어버린 것 아닌가? (웃음) 이런 혼실은 우리가 도대체 어디로 가고 있는지를 말해준다고 할 수 있다. 그래서 지금 현재 발생하고 있는 여러 문제를 위해 노력하는 것이 무의미하지 않다. 이런 관점에서 위기는 장기적인 것이고 근본적인 변화를 수반한다는 점을 알아야 한다.

이택광 — 최근에 〈뉴욕 타임즈〉가 소셜네트워크와 관련한 기사를 실었다. 한국도 이렇게 SNS와 정치를 긴밀하게 연결시키고 있다. 나는 당신이 아랍혁명과 SNS의 관계에 대해 쓴 칼럼을 읽었다. 거기에 보면 당신은 소위 SNS 민주주의에 대해 회의적인 입장을 보이는데, 그 이유는 무엇인가?

지젝 — 그렇지 않다. 단순하게 SNS를 반대하는 것이 아니다. 당연히 스마트폰이나 휴대용 디지털기기에 의존한 미디어는 시민사회를 위한 기회를 더욱 확대할 것이다. 사람들은 이를 통해 국가의 통제 바깥에서 스스로를 집단적으로 조직할 수 있다. 그렇지만 이에 대한 문화적인 반격이 있다. 중국의 경우 구글이나 위키피디아의 검색 제한에서 알 수 있듯이 인터넷 사용을 감시 규제하는 사례도 있다. 사상의 자유를 통제하려는 권력의 시도가 있는 것이다. 하지만 또 다른 층위도 간과할 수 없다. 아랍 봉기가 일어났을 때 정부는 인터넷과 휴대폰 연결을 끊어서 시위 참여자들이 서로 통신을 못하게 해버렸다. 서구는 이런 사례를 들면서 야만적이라고 규정하며 우리는 절대 그렇지 않다, 민중은 자유를 원한다고 비난했다. 그런데 런던에서 폭동이 일어나자 영국 정부도 마찬가지로 인터넷과 휴대폰 통신접속을 차단했다. 이 지점에서 우리는 누가 이런 미디어를 통제하는지에 대해 생각해야 한다. 지금 벌어지고 있는 상황을 보라. 컴퓨터는 점점 작아지고 데이터는 중앙으로 모이는 클라우드 시스템이 구축되고 있다. 아이팟이든 노트북이든 아이패드든 모두 클라우드에 데이터를 저장한다. 누가 이 디지털 공공영역을 관리하고 통제하는가? 이것이 문제다. 중국이든 아랍이든 서구 어디든 모두가 이 정보를 지배하고자 한다. 물론 이런 주장이 SNS에 대해 전적으로 회의적이라는 의미는 아니다. 내 주장은 이 새로운 미디어의 속성이 양가적이라는 사실을 강조하는 것이다.

이택광 — 결국 당신 주장도 이런 통신기술을 바탕으로 과거보다 우리가 훨씬 더 나은 소통이 가능하다는 것처럼 들린다. 이런 조건은 민주주의를 위해서 나쁘다고 말할 수는 없겠다.

지젝 — 그렇다. 하지만 내가 지적하고 싶은 것은 그런 측면과 더불어 누가 이 디지털 세계를 통제하고 있는지에 대해서도 고민해야 한다는 것이다.

이택광 — 하지만 당신이 이 모든 시스템을 완벽하게 통제할 수 있는 빅브라더를 상정하는 것 같지도 않다.

지젝 — 전혀 그렇지 않다. 나는 그렇게 강박적인 상황을 이야기하는 것이 아니다. 그렇다고 그런 통제가 없다고 말할 수는 없다. 달리 말하자면 빅브라더가 아니고 다양한 브라더들, 똑똑하거나 뚱뚱하고, 또는 멍청한 많은 브라더들이 통제하는 것이다.

이택광 — 가히 형제애라고 불러야겠다. (웃음)

지젝 — 북한의 경우를 제시하면서 한 명의 빅브라더나 또는 그 아들이 통제한다고 생각할 수도 있겠지만 겉으로 보기와 달리 제대로 그 통제가 먹혀들고 있는 것은 아니다. 내가 말하는 것은 강력한 정보기관이 배후에서 민심을 조종한다거나 국가권력이 주도면밀하게 모든 것을 계획한다는 것은 강박적 상상이라는 말이다. 권력의 작동은 그렇게 간단하지 않다. 예를 들어 2008년 금융위기를 생각해보자. 우리는 쉽게 하나의 국가를 상상하지만 사실은 그렇지 않았다. 파워엘리트들이 있었지만 결정할 수 있는 것이 없었다. 미국에서 일어난 일을 봐라. 공화당과 민주당이 서로 논쟁을 벌였는데, 거기에 등장한 정치인들의 모습은 정말 끔찍한 것이었다. 멍청하기 그지없었다. 파워엘리트들이 무엇을 해야 할지 도무지 알지 못했다. 나는 배후에서 남몰래 일을 처리하는 비밀스러운 권력에 대해 노스텔지어를 느낀다. 멋있게 보이긴 한다. (웃음) 하지만 지금은 그렇게 할 수가 없다. 위기가 왔지만 이 위기를 관리할 수 있는 당사자가 무엇을 해야 하는지를 모른다는 사실이 위험한 것이다.

이택광 — 당신 이야기는 통치성의 문제를 제기한 미셸 푸코의 견해와 다른 것처럼 들린다.

지젝 — 물론이다. 통치성의 문제가 아니다. 통치성에 대한 주장은 심각한 이론적 문제를 안고 있다. 푸코뿐 아니라 아감벤 같은 이들이 범하는 오류는 너무 과도하게 권력, 지배, 통치성의 관계 문제에 초점을 맞추기 때문이다. 내가 생각하기에 이들은 경제를 너무 무시한다. 착취라든가 자본의 운동이라든가,

여기에 대한 관심을 보이지 않는다. 성차별이나 저항, 국가권력의 통제, 그리고 통치성 같은 서로 다른 형식들에 너무 집중한다. 이들의 의견이 틀린 것은 아니다. 명백하게 우리 사회는 과거보다 더 강하게 통제를 받고 있다. 더 많은 디지털 통제의 가능성이 있다. 이런 통제가 한 사람이나 소수를 통해 이루어질 수는 있다. 그러나 미국의 사례에서 봤듯이 이들이 경제까지 통제할 수 있는 것은 아니다. 이것이 마르크스주의 입장이다. 이제 경제는 거의 전 지구적 단위에서 작동하고 있다. 이것을 일관성 있게 누군가 관리하고 지배하기는 어려워진 것이다. 무엇이 문제라는 것은 알릴 수 있지만 누구도 그에 대한 답을 줄 수가 없다.

이택광 — 마르크스주의에 대해 말했는데, 최근 한국에서 '알튀세르 다시 읽기'를 요청하면서 국내외 학자들이 참여한 가운데 『알튀세르 효과』라는 책이 출간되었다. 주로 후기 저작에 초점을 맞추었는데, 오늘날 알튀세르의 의미가 있다면 무엇이라고 할 수 있겠는가?

지젝 — 알튀세르는 매우 유용하다. 그러나 우발성의 유물론을 주장하는 후기 알튀세르는 유명론적이라고 생각한다. 푸코 역

슬라보예 지젝: 사유를 시작하라!

시 이와 비슷하다. 나는 이런 입장에 서 있지 않다. 우발성이나 다자성, 마주침 이런 것들은 글로벌 네트워크를 전제하는 것이다. 그러나 이런 영역은 언제나 근본적인 모순과 적대로 구성되어 있다. 또한 환경이라는 생태적인 문제도 있다. 나는 이런 문제에 대한 접근이 들뢰즈나 가타리가 말하는 미시정치, 분자적 민중의 자기조직성 같은 개념으로 이해할 수 없다고 본다. 하지만 알튀세르는 다르다. 특히 이데올로기와 국가장치에 대한 그의 견해는 여전히 효과적이다. 오늘날 어떻게 이데올로기가 작동하고 있는지에 대한 중요한 통찰을 준다. 대중적으로 운위되는 것처럼 공산주의가 종언에 이른 후에 이데올로기도 끝났다고 하는데, 전혀 그렇지 않다. 우리는 지금 이데올로기의 사회에 살고 있다. 우리 스스로 이 사실을 잘 알고 있다. 이것이 바로 알튀세르의 이론이 여전히 실질적인 효용성을 가진 이유다.

이택광 — 후기 알튀세르보다도 그의 이데올로기론을 더 중요하게 보는 관점이 흥미롭다. 이와 관련해서 당신은 요즘 바디우와 비슷한 노선을 견지하게 된 것 같다. 최근에 공동으로 책도 냈다. 이론적인 측면에서도 그에게 많이 근접해가고 있는 것 같은데, 이런 판단이 적절한가? 아니라면 바디우와 당신의 차이는 무엇인가?

지젝 — 바디우는 철학적이고 이론적인 차원에서 좋은 벗이다. 하지만 엄연히 차이가 있다. 헤겔과 라캉을 참조하고, 정치적인 측면에서도 비슷한 입장을 취하고 있다. 그러나 바디우는 국가 아래에서 일어나는 여러 다른 작동에 너무 깊은 신뢰를 주고 있다. 그러나 나는 본래적인 정치는 오직 국가로부터 떨어질 때 가능하다고 생각한다. 바디우는 '점령하라'나 '분노하라' 또는 아랍혁명 같은 사건에 깊은 공감을 표명했다. 이와 같은 공공적인 저항운동이 국가를 압박할 수 있다고 가정하기 때문이다. 나는 이것으로 충분하지 않다고 생각한다. 우리가 진짜로 원하는 것은 문제를 해결하는 것이다. 국가는 어떻게 권력을 조직할 것인가, 어떻게 경제를 재조직할 것인가, 이런 문제다. 무엇보다도 바디우는 경제이론을 누락하고 있다. 경제는 그의 정치에서 큰 문제가 되지 않는가. 이 점이 알튀세르와 다른 측면이다. 마르크스주의는 무엇보다도 정치경제학에 대한 체계적인 비판을 발전시킨 것이다. 젊은 알튀세르가 시도했던 『자본을 읽는다』*는 오늘날에도 엄청나게 유효하고 중

---

*　Louis Althusser and Étienne Balibar, *Reading Capital*, Verso, 2009.

요한 운동이다. 이런 시도를 재평가하고 갱신해나가야 한다. 지금 정치경제학에 대한 마르크스주의적 비판이 필요하다. 이 것은 마르크스에 대한 해석도 아니고, 마르크스주의의 생각 을 더 발전시켜야 한다는 것이다. 나도 이 생각을 발전시키고 싶었다. 지난 책에서 내가 시도한 것이 어떻게 착취가 오늘날 작동하는지에 대한 것이었다. 이런 측면에서 한 이탈리아 경 제학자가 했던 말에 동의하는데, 예를 들어 자애로운 빌 게이 츠 같은 경우 전혀 노동자를 착취하지 않는 것처럼 받아들여 진다. 우리 모두는 어쩔 수 없이 마이크로소프트 제품을 쓰게 되어 있다. '월스트리트를 점령하라'를 보더라도 그렇다. 시위 중에 의사전달을 하려고 해도 장치를 동원해야 한다. 최근 들 어 문제가 되고 있는 것은 실업이다. 실업이 모든 운동의 중심 에 놓여 있다. 실업률이 거의 20~30%에 육박하는 현실이다. 유럽의 노동자들은 공장 폐쇄로 직장을 잃어버리면 다시 취업 을 할 수가 없다. 그런데 부르주아는 정말 높은 임금을 받는다. 이런 격차가 발생하는 까닭이 자본주의에 있다. 이것이 자본 주의에서 일어나고 있는 현실이다. 마르크스주의가 토대가 될 수는 있겠지만 이런 현실을 모두 설명할 수 있는 하나의 이론 은 아직 가지지 못했다.

이택광 — 자본주의를 설명하기 어렵다는 말인가? 아니면 이론을 제시하기 어렵다는 말인가?

지젝 — 이런 자본주의를 설명하는 다양한 궁어들이 있다. 즉흥적 자본주의, 탈산업 자본주의, 탈근대 자본주의 등등. 그러나 이것들은 이론이 아니다. 때때로 통찰력을 주지만, 이는 기업의 로고 같은 것이다. 충분히 이론적으로 발전시킬 수 없다.

이택광 — 결국 문제는 정치적인 것일 수도 있는데, 그렇다면 이런 상황에서 어떤 방식으로 집단적인 정치주체를 구상할 수 있는가? 사회운동은 언제나 정치적 주체성에 대한 전망을 요구하는데, 이런 윤리적 요청에 대해 어떤 답을 줄 수 있을까?

지젝 — 내가 우려하는 것은 요즘 너무 도덕주의적인 경향이 짙다는 사실이다. 그러나 이런 도덕적 분노는 정치적인 분석으로 번역되지 않는다. 주변에 보면 자본주의에 대한 비판을 정말 많이 들을 수 있다. 신문을 봐도 이 회사는 친환경적이고 저 회사는 선량하지 않다는 식으로 보도된다. 좋다. 그러나 이렇게 부정과 부패, 그리고 비리에 대한 도덕주의적 비판만으로 충분하지 않다. '점령하라'의 경우도 도덕주의적인 비판이 많았다.

주로 기업들의 부도덕에 대한 성토였던 것이다. 우리에게는 훨씬 구조적인 비판이 필요하다. 사적인 생활에서 윤리는 중요하다. 그러나 정치는 대답할 수 없는 영역으로 나아가는 것이다.

이택광 — 어떻게 이런 도덕주의적 비판의 한계를 극복할 수 있겠는가?

지젝 — 해결책은 간단하다. 본래적인 정치를 직시하는 것이다. 이것이 바로 무엇을 해야 하는 이유를 설정한다. 많은 사람들이 자본주의를 비판하지만 그 비판을 통해 무엇을 원하는 것인지 묻는다면 대답을 못할 것이다. 말하자면 이런 비판은 속이 비어 있는 말이나 되돌려줄 것이다. 노동자가 복직하고 민주주의를 발전시키고, 이런 식으로 이야기할 것이다. 좋다. 그런데 그 모든 것이 무엇을 의미하는지 묻는다면 정확하게 답을 내리기 어렵다. 40~50년 전이라면 우리는 비록 틀렸지만 명쾌하게 대답을 할 수 있었을 것이다. 스탈린주의적 사회주의를 생각해보자. 그때 무엇을 원하는지 묻는다면 당 규율을 준수하며 사회주의 프로그램을 충실히 따르는 것이라고 말할 수 있다. 직접민주주의에 대해 이야기할 수도 있겠다. 그러나 지금은 아니다. 이런 큰 이야기를 해봤자 틀렸다는 것을 모두가 안다. 고작

국가를 재조직해서 해결책을 제시하려고 하는 대신 나는 쉬운 해결책을 찾지 말아야 한다고 하는 것이다. 해결책보다 사유를 해야 한다. 유명한 마르크스의 구절이 있다. "철학자들은 세계를 해석해왔지만 중요한 것은 그것을 변화시키는 것"이라는 말인데, 20세기에 우리는 이 말에 따라 너무 많이 세계를 변화시켰다. 무엇을 하는지도 모른 채 열심히 변화를 추구한 것이다. 그래서 다시 변화보다도 해석이 필요한 시대가 왔다.

이택광 — 당신은 자신을 마르크스주의자르 규정하는가? 그렇다면 어떤 의미에서 그런가?

지젝 — 비록 생산력은 높지만 자본주의는 내재적인 적대를 보유하고 있는 체제다. 또한 이 체제는 점점 위기가 깊어지고 마지막을 향해 가고 있다. 그래서 나는 이런 시국에서 마르크스주의자가 될 수밖에 없는 것이다. 물론 나는 마르크스주의자지만 그 오래된 마르크스주의로 다시 돌아가자는 의미에서 마르크스주의자인 것은 아니다. 마르크스주의에서 내가 관심을 두는 것은 공통적인 것의 문제다. 협의의 사적 소유가 아니라 공통적인 것에 대해 고민하는 것이다. 20세기에 공통적인 것은 더 이상 작동하지 않게 되었다. 내가 말하는 것은 상식 같은 것이 아니다. 다시 제로 포인트에서 정치에 대해 생각해야 할 필요가 있다.

이택광 — 그런 차원에서 당신은 '점령하라' 시위가 있던 주코티 공원에서 연설을 했던 것 같다. 거기에 어떻게 참여하게 되었는가?

지젝 — 근처 뉴욕대학교에 특강을 갔다가 우연히 참가하게 되었다. 사전에 약속이 있었던 것은 아니다. 거기에서 연설한 내용은 앞서 출판했던 내 책에 나오는 내용을 조금 수정한 것이었다. 메시지는 '자기 스스로 만족하지 말라'였다. 만족을 허락하지 말라는 것인데, 끝까지 무엇인가를 요구하라는 것이었다. 현실적인 이야기였다. 이 시위가 끝난 뒤에 정상이라고 불리는 현실로 돌아가는 것이 아니라 이를 계기로 생각하기 시작해야 한다는 뜻이었다. 생각하기 시작하는 것이 바로 우리 삶의 토대라는 말이다. 우리는 지금 구체적인 요구에 대해 모른다. 그냥 사유를 시작하는 것이다. 우리 삶의 토대를 고민한다는 것은 어떤 사회를 우리가 원하는지, 어떤 자유를 우리가 원하는지, 어떤 정부를 우리가 원하는지, 어떤 행복을 원하는지를 구체적으로 고민하는 것이다.

이택광 — 사람들 반응은 어땠는가?

지젝 — 모두 동의한 것은 아니었지만 반응은 썩 나쁘지 않았다. (웃음) 앞에서 말했듯이 이 시위는 다분히 도덕주의적이었다. 내 문제제기는 이 시위의 목적이 무엇인가 하는 것이었다. 목적이 없다면 쉬운 해결책을 찾을 수밖에 없다.

이택광 — 일전에 〈가디언〉에서 당신은 소유물 중에서 가장 값진 것이 무엇인지 묻는 질문에 『헤겔 전집』이라고 답했다. 올해에 헤겔에 대한 당신의 책이 나올 예정이다.* 이 책에 담길 내용들은 무엇인가?

지젝 — 거의 1,000페이지가 넘는 대작인데, 사람들이 다 미쳤다고 한다. (웃음) 누가 이 책을 사겠는가. 출판사는 정치에 관한 작은 책을 내자고 했는데 두껍고 어려운 책을 써도 팔린다고 고집을 부렸다. 독자들이 그렇게 멍청하지 않다고 일갈을 해줬다. 여기에서 다룰 내용은 최근 관심 있는 이론적 주제들이다.

---

* 2012년에 영국 버소 출판사에서 출간된 *Less Than Nothing: Hegel and the Shadow of Dialectical Materialism* 을 지칭한다. 국역본은 슬라보예 지젝, 『헤겔 레스토랑』(1권)·『라캉 카페』(2권), 조형준 옮김, 새물결, 2013.

이택광 — 그런데 왜 헤겔이라는 주제의 책을 내는 것인가?

지젝 — 헤겔을 선택한 까닭을 설명하는 것은 쉽지 않다. 미스터리한 측면마저 있다. 나는 어떻게 헤겔을 재현실화할 것인지, 이 문제에 대해 아주 오랜 전부터 사로잡혀 있었다. 나는 지금 우리가 헤겔이 살았던 시대와 유사한 처지에서 살고 있다는 생각이다. 그러나 단순하게 헤겔을 되풀이하려는 것은 아니었다. 이 두꺼운 책에서 나는 지금까지 쓴 책보다 더 체계적인 내용을 발전시키고자 했다. 헤겔만 있는 것은 아니고 다른 철학자들도 있는데, 쓰는 동안 즐거웠다. 내 멍청한 정치적인 저작보다 훨씬 나을 것이다. 철학자로서 나는 추상적 사고를 하는 것에 흠뻑 빠져 있다.

이택광 — 철학자로서 당신은 요즘 같은 시절에 철학자의 역할이 무엇이라고 생각하나?

지젝 — 오늘날 철학은 매우 정확한 임무를 가지고 있다. 물론 철학자가 [직접적] 대답을 줄 수는 없다. 환경위기의 결과라거나 경제위기에 대한 구체적 대안을 내놓지도 않는다. 철학자가 할 수 있는 것은 더 깊은 문제에 대한 다양한 질문을 제기하는 것이다. 왜냐하면 아직 문제를 충분히 파악하지 못하고 있기 때문이다. 우리는 우리가 원하는 방식대로 문제를 기술한다. 문제를 기술하는 것이 너무 어렵기 때문에 진짜로 그 문제가 무엇인지 알기 어렵다. 환경문제를 예로 들어보자. 우리는 환경문제를 논리적 문제로 환원시킨다. 심지어 환경문제를 영성의 문제로 보기도 한다. 이 모든 것은 신비화에 지나지 않는다. 섣불리 문제를 제시하고 대답을 구하는 것은 철학자의 본분이 아니다. 공공적 지식인은 다양한 문제에 대한 질문을 던지는 것이 본분이다.

이택광 — 한국 독자에게 해줄 말은 없는가?

지젝 — 사유를 시작하라는 말을 해주고 싶다. 자동적으로 생각하지 말기를 바란다. 종교만 해도 복잡하다. 내가 믿는 신이 다른 사람에게도 신일 수 없다. 서로 교환되지 않는다. 이런 걸 고민해야 한다. 호기심에 그치지 말고 전 생애에 대한 고민을 해볼 수 있다. 사람들은 자신들이 원하는 것에 대해 생각하지 않는다. 이것을 시작해야 한다.

이택광 — 당신은 지금 한국에서 가장 인기 있는 철학자이기도

   슬라보예 지젝: 사유를 시작하라!

하다. 알고 있나?

지젝 — 한국으로부터 많은 것을 배운다. 나는 한국 독자의 관심을 알고 있기 때문에 한국을 위해서 무엇인가 할 수 있는 것을 찾고자 한다. 나는 경제발전뿐 아니라 민주주의를 획기적으로 발전시켰다는 점에서, 그리고 일전에 방문했을 때 느낀 것이지만, 활력 넘치는 지적인 환경을 만들어냈다는 점에서 존경한다.

이택광 — 아마 당신의 영향력을 알면 깜짝 놀랄 것이다. 많은 이들이 당신 책에서 영감을 얻는다. 끝으로 한국 독자들에게 특별히 전할 말이 있다면 해달라.

지젝 — 아마 그런 영향력은 대부분 오해에서 기인하는 것일 테다. 영향력 자체가 오해다. 역사적 발전이 있기 때문에 영향도 가능한 것이다. 오해는 최초의 이해보다도 더욱 지적인 것이다. 그것은 역사적인 것이다. 원조 철학자보다 더 훌륭한 지적인 성취가 오해에서 오기도 한다. 이런 맥락에서 모두 외국인이 되어야 한다. 나는 바울을 좋아한다. 왜냐하면 예수의 제자 12명에 속하지 않지만 가장 훌륭하게 기독교를 발전시켰기 때문이다. 심지어 그는 예수를 본 적도 없다. 내 책을 한국인들이 읽어준다는 점에 감사한다. 경제적 발전에 그치지 않고 다양한 지적인 호기심을 가지는 것이 중요하다.

자크 랑시에르

Jacques Rancière

몫 없는 자들의 몫으로

"단지 자신들의 집에 머물면서 자신들의 일상적 업무
에 매여 있던 사람들이 거리로 내려와 그곳에 자리 잡
을 때, 그리고 두려움을 갖고 있던 사람들이 권력과 맞
서기를 더 이상 무서워하지 않을 때, 침묵하던 사람들이
말하기 시작하고 자신들의 목소리를 들리게 할 때 기존
권력의 권위는 발가벗겨진다."

1.

이택광 — 최근 당신은 『아이스테시스 — 인민의 감성적 체제의 무대』*라는 책을 출간했다. 여기에 포함되어 있는 에세이들은 다양한 미학적 형식에 대한 당신의 개입을 보여준다. 당신은 일찍이 문학의 정치성에 대한 새로운 관점을 제시하면서 예술사에 대한 사유를 혁신했다. 『아이스테시스』에서 주장되고 있는 것들은 과거의 작업들과 어떤 관계를 갖는가?

랑시에르 — 내 작업을 예술의 영역으로 인도했던 세 가지 커다란 관념이 있다. 첫째는 예술이 초역사적인 개념이 아니라는 것

---

*　Jacques Rancière, *Aisthesis: Scène du régime esthétique du peuple*, Galilée, 2011.

　자크 랑시에르: 몫 없는 자들의 몫으로

이다. 이런저런 대상과 형식과 행위에 대해 그것이 특정한 예술들에 속한다고 말하거나 심지어 단순히 '예술에 속한다'고 말할 수 있게 해주는 동일시의 역사적 체제들이 있다. 따라서 서구에서는 예술 일반의 개념이 18세기에서 19세기로 바뀌는 전환점에서 비로소 나타난다. 예술에 대해 이야기하기 전에 우리는 먼저 회화/조각과 공예기술을, 즉 순수미술과 수공업적 작업들을 구분한다. '예술'이라 불리는 경험 영역의 명징성이 부과되는 것은 바로 이런 순간이며, 이런 명징성은 순수미술과 공예기술을 서로 분리시키거나 고상한 장르와 통속적 장르를 서로 대립시켰던 위계적 구분이 파괴되면서 부과되는 것이다. 둘째, '미학'은 '예술철학'이라는 하나의 분과학문을 정의하는 것이 아니라 지각과 사유의 역사적 체제를 정의하는 것이다. 그런 지각과 사유의 역사적 체제란 이런 예술의 개념이 다른 것들과는 분리되는 경험의 영역으로서, 그리고 그와 동시에 '비예술적인' 세계로부터 나온 어떠한 대상이나 행위도 받아들일 수 있게 되는 경험의 영역으로서 출현하게 되는 현상과 맞물려 있다. 셋째, 만약 예술적 근대성이라는 개념이 어떤 의미를 갖는다면 그 의미는 1940년대 프랑크푸르트학파나 클레멘트 그린버그 등에 의해 고정된 의미, 곧 그 매체나 고유의 기술에 대한 집중을 통한 예술의 자율화, 예술의 영역과 미학화된 삶의 영역 사이의 분리 같은 의미가 될 수 없다. 반대로 두 세기 동안에 일어났던 예술의 변화는 경험의 양식과 감각의 형식에 일어났던 보다 더 큰 변화들과 연결되어 있다. 그런 변화들은 몇몇 예술가에 의해 급작스럽게 발생한 커다란 단절들의 결과가 아니라 해석의 체제들이 보다 더 장구하게 변화해온 효과다. 내 이전 저작들은 당대의 지배적인 몇몇 관점(예를 들어 그린버그의 이론, 단지 그 반대일 뿐인 포스트모던적인 이데올로기, 그리고 그 극단화인 숭고의 이론 등)과 대립하면서 예술의 근대적 역사에 대한 내 재해석의 일반 원리들을 정의하는 데 힘써왔고, 또 그런 재해석을 영화와 같은 특별한 영역들 안에서 시험해왔다. 최근의 책 『아이스테시스』에서 나는 예술과 그 변화의 미학적 체제가 지닌 감각적이고 지적인 조직 안으로 진입할 수 있었던 서구 근대의 예술사의 몇몇 중요한 순간을 포착하려고 노력했다. 이는 일련의 독특한 사건들(어떤 연극적 상연, 어떤 미장센, 어떤 전시회, 어떤 영화, 어떤 강연)을 경유하는, 근대성에 대한 일종의 반反역사와 같은 것이며 우리는 이를 둘러싸고 해석의 한 체제가 온전히 전개되는 것을 볼 수 있을 것이다.

이택광 — 문학과 정치성에 대한 당신의 관점은 미학을 일종의 동일시 체제로 본다는 입장을 대변하는 것처럼 보인다. 이런

   자크 랑시에르: 몫 없는 자들의 몫으로

관점에서 미학은 이데올로기론과 어떤 관계를 맺고 있는 것인가? 또한 이런 관계에 대한 접근이 어떤 미학적 실천을 낳을 수 있는 것인지 궁금하다.

랑시에르 — 이데올로기 이론은 마르크스주의적 사유 장치의 한 부분이며 플라톤의 저 오래된 동굴 신화의 현대적 판본이기도 하다. 그 신화는 사람들을 두 부류로 나누는데 한쪽은 배후조정자에 의해 동굴 벽에 투영된 그림자를 바라보는 사람들이고 다른 한쪽은 그로부터 고개를 돌려 진리의 빛을 바라보는 사람들이다. 플라톤은 이런 시각적 장치를 영혼의 분할과 동일시하며, 마르크스는 지배 기제를 그렇게 생각한다. 이 두 경우에서 모두 개인들은 감각적 가상들에 예속됨으로써 노예화되어 있는 존재로 상정되어 있다. 내가 관심을 갖고 있는 미학적 형식들과 태도들은 이와는 전혀 다른 복합성을 제시한다. 칸트와 쉴러가 다시 사유한 바에 따르면, 가상이란 더 이상 환상이 아니다. 오히려 가상이란 직접적인 유용성과 전유의 의지로부터 벗어난 시선이나 판단을 사물들에 적용할 수 있는 어떤 능력을 불러일으키는 것이다. 혹자들이 단지 관념론적인 환상이라고 여겼던 칸트의 무관심적 판단은 사실 집단적인 만큼 개인적이기도 한 해방의 길에 들어서기 위해 프롤레타리아 계급 사람들이 그들 자신의 일상적 방식들과 관련해 유지해야 했던 거리에 상응하는 것이다. 근대적 소설 형식들의 진화는 평범한 개인들에게 그 어떤 형식의 관능적 열정이나 이상적 열망이라도 가능케 한 급변과 밀접하게 연결되어 있다. 지각하고 느끼고 말하는 방식에 찾아온 이런 변화들은 익명의 대중에 속해 있는 사람들에게 새로운 능력들을 규정해준다. 그러나 이런 변화들의 의미가 단지 일의적인 것은 아니다. 이런 변화들은 또한 그런 세상을 살아가는 새로운 방식의 혁명적 주체화의 형식들을 생산하기도 한다.

이택광 — 미학에 대한 당신의 관점은 민주주의에 대한 강력한 옹호를 전제하고 있는 것 같다. 민주주의와 미학의 관점을 연결하는 것은 획기적인 시도라고 평가할 수 있는데, 이런 관점은 낭만주의에 원형적으로 내장되어 있다는 생각이다. 당신은 문학의 기원을 프랑스혁명과 낭만주의에서 찾고 있다. 그렇다면 민주주의는 근대적 미학체제를 출현시킨 원인인가 아니면 결과인가?

랑시에르 — 서구적 공간 안에서 혁명적 정치의 급변이 가져온 효과 중 하나가 순수미술과 문학의 세계를 구조화했던 위계들의 파괴임은 분명하다. 프랑스혁명의 오래된 예찬자였던 영국의 시인 워즈워스는 1802년에 시 안에서 모든 주제들의 평등한 가치를 선언했다. 같은 시대에 민주주의가 회화 안으로 도입되었는데, 그것은 과거에 그 그림이 재현하고 있는 인물과 행위의 통속성 때문에 무시되었던 소위 '장르'화에 대한 복권과 함께였다. 사실주의와 인상주의에서 입체파에 이르기까지 회화는 이런 형식적 변화들을 일상적 삶의 환경과 민중적 여가의 형식들에 대한 관찰과 연결시킨다. 근대적 소설의 발전은 민중들이 그 이전까지 왕족의 전유물이었던 극단적 열정들을 경험할 수 있는 새로운 능력과 연결되며, 연극 형식의 변화들은 마임, 뮤직홀, 서커스 등 민중적 여흥의 형식들로부터 차용한 요소들 덕분에 보다 풍성해지는데, 이런 민중적 여흥의 형식들은 또한 영화예술이 탄생하게 되는 장소기도 하다. 미학적이고 문학적인 형식들은 민주적이고 사회적인 투쟁 안에서 표현되는 이런 익명의 새로운 능력들의 세계를 옮겨 담고, 또한 거꾸로 그런 능력들의 발전에 기여하기도 한다. 그러나 이런 사실이 문학적이거나 미학적인 민주주의와 정치적인 민주주의 사이에 어떤 동일성이 있다거나 심지어 어떤 인과관계가 있다는 것을 의미하지는 않는다. 내 책『문학의 정치』에서 나는 은밀한 현실 혹은 미시적인 사건들의 층위에서 성립하며 따라서 정치적 민주주의의 공공적이며 다소간 화려한 시위와는 대립되는 어떤 평등의 기획을 문학이 어떻게 규정하려 했던가 하는 문제에 천착했다. 몰적인 것과 분자적인 것을 대립시켰던 들뢰즈의 구분은 이런 두 '민주주의' 사이의 거리를 설명하는 데 도움을 줄 수 있다.

이택광 — 한국은 어떤 나라보다도 SNS가 시민사회에 강력한 영향을 미치는 나라다. SNS가 공론장의 역할을 하고 있기도 한데, 흥미롭게도 이런 영향력이 대의제 민주주의에 대한 불신으로 나타나고 있다. 당신이 방한했을 2008년에 일어난 촛불집회는 대표적인 SNS를 매개로 발생한 반정부 시민저항이었다. 비슷한 일이 이집트를 비롯한 아랍에서도 일어났는데, 당신이 개진한 미학체제와 민주주의에 대한 관점에서 본다면 최근 SNS혁명이라고 이런 일련의 '혁명'을 규정하는 태도를 어떻게 해석할 수 있을까? 새로운 기술이 동일시의 체제인 미학에 어떤 영향을 미칠 수 있다면 궁극적으르 민주주의를 추동할 수 있는 것도 아닌가?

랑시에르 — 내게는 이런 운동들을 SNS 혁명으로 귀착시키는 일이 어려워 보인다. 일반적으로 말해서 새로운 기술은 그 자체로 미학적인 혁명이나 정치적인 혁명을 생산하지 못했다. 그러

자크 랑시에르: 몫 없는 자들의 몫으로

나 인터넷과 SNS가 공공의 의견이나 결집의 새로운 형식을 구성하는 데 있어 지극히 중요한 도구였다는 사실은 분명하다. 혹자들은 인터넷과 SNS가 개인들의 삶에 전적인 통제를 가할 수 있는 유해한 투과의 도구라고 규탄하기도 했다. 그러나 오히려 인터넷과 SNS는 정보와 소통의 형식을 재분배하는 어떤 민주적 역할을 수행했다. 그것들은 한편으로 지식을 습득하고 정보를 유통시키는 수단을 다양하게 만들었으며 국가 지배의 형식들이 비밀에 근거해 이루어지는 일을 지극히 어렵게 만들었다. 다른 한편으로 그것들은 투쟁적 집회의 전통적 형식들이 퇴조하는 것처럼 보이던 순간에 개인들 사이의 관계에 새로운 형식들을 창안하는 것을 가능케 했다. 인터넷과 SNS는 아랍 국가들이나 이란의 프롤레타리아 계급으로 하여금 그들 자신이 다수임을 깨닫게 해줬고 그들에게 용기를 북돋워줬으며 타자들 간에 신뢰를 심어주었다. 그것들은 또한 전위의 논리나 투쟁적 집단의 위계적 논리와 단절하면서 수평적 관계 형식들을 촉진시키기도 했다. 일반적으로 말해 사람들이 이런 새로운 형식들을 사용하게 되면서 권력은 반체제적인 집단들에 뒤처지게 되었다. 그리고 권력은 그 자신의 계산에 맞게 그런 형식들을 사용하기 위해 오히려 그런 인터넷과 SNS의 실행을 제한하려 애쓰기도 했다.

이택광 — 당신은 방한 뒤에 이루어진 흥미로운 인터뷰에서 당시에 유럽에서 일반화되었던 민주주의의 죽음에 대한 반론을 제시했다. 그 인터뷰에서 당신은 한국의 예를 들면서 민주주의에 대한 요구가 여전히 살아 있음을 주장했다. 그 뒤에 일어난 아랍혁명을 비롯한 일련의 사건들을 보면 이런 당신의 주장이 상당히 맞아 들어갔다는 사실을 알 수 있다. 당신의 입장에서 이 사건들은 평소 주장해온 사실에 부합한다고 생각하는가? 부합한다면 어떤 관점에서 그렇게 생각하는가?

랑시에르 — 아랍의 혁명들은 내가 자주 강조하려고 했던 사실을 하나 상기시켜주었다. 무엇보다 민주주의란 정부 기구들의 집합이 아니라는 사실이 바로 그것이다. 민주주의란 무엇보다 자신들의 태생, 재산 혹은 권력을 운용하는 전문지식 등에 의해 그렇게 '운명이 정해진' 사람들이 지닌 권력에 대한 위반의 표명이다. 우리는 여기에 혁명이란 사회적 구조들을 변화시키는 기나긴 과정이 아니라는 사실(마르크스주의는 이 둘을 동일시하는데)을 첨가할 수 있다. 혁명이란 무엇보다 사물들의 정상적 질서를 전도하는 것이다. 단지 자신들의 집에 머물면서 자신들의 일상적 업무에 매여 있던 사람들이 거리로 내려와 그곳에 자리 잡을 때, 그리고 두려움을 갖고 있던 사람들이 권력과 맞서기를 더 이상 무서워하지 않을 때, 침묵하던 사람들이 말하기 시작하고 자신들의 목소리를 들리게 할 때 기존 권력의 권위는 발가벗겨진다. 혁명이란 보이는 것의 질서 자체 안에서 일어나는 변화인데, 혁명은 아무것도 가진 것 없는 이들이 자신의 역량들을 표명함으로써 가능한 것과 불가능한 것 사이의 경계들을 지워버린다. 모든 혁명의 미래는 이런 '역량들'의 변모와 분배의 지속에 일관성을 부여하는 능력에 달려 있다. 종교적 정당들이 튀니지와 이집트의 선거에서 승리하는 것을 보면서 어떤 이들은 이런 나라들 안에서 민중적 변모의 과정 전체에 의문을 제기하기도 한다. 그러나 비종교적 정당들이 선거에서 승리했다고 하더라도 살아 있는 민주주의의 시간성은 국가적 제도의 시간성과는 다르다는 사실은 여전히 남아 있을 것이다. 우리는 자발적이고 일시적인 운동과 장기적인 조직을 서로 대립시키며 이런 문제를 제거할 수 없다. 대의적 형식과 관련해 우리가 민주주의에 어떤 자율성을 부여해야 하는 것은 그 장기적인 기간 위에서다.

이택광 — 정치에 대한 당신의 입장에서 중요한 것은 평등의 개념이기도 하다. 당신의 작업에서 평등의 개념은 성취 가능성에 대한 것이라기보다 그것에 대한 주장 또는 요구에서 정치적인 것이 발생하고 있다는 생각이다. 프랑스처럼 이민자나 소수자 집단이 가시적으로 보이는 곳에서 당신의 주장은 충분한 정당성을 가지는 것으로 보인다. 그러나 한국을 비롯한 비서구국가에서 이런 평등에 대한 요구는 대체로 민족주의를 통해 봉합되는 것을 볼 수가 있다. 이 차이는 서구와 비서구 사이에 발생하는 근대성의 발달 정도에 따른 것인가, 아니면 비서구적인 방식으로 주장되고 있는 '소음'을 적절하게 읽어내지 못하기 때문인 것인가?

랑시에르 — 내게 정치란 단순히 요구로만 제한되지 않는다. 정치는 그 고유의 실현 방식을 갖고 있다. 정치는 국가적 제도와 구분되는 민중적 제도를 창안한다. 그리고 오늘날 평등을 표명하는 형식의 문제는 단순히 민족적 공동체의 주변부에 있는 집단들에게만 관련된 것이 아니다. 이런 문제는 바로 그런 민족적 공동체의 한가운데서도 그 역할을 하고 있다. 분노한 사람들 또는 '99%'의 운동은 서구 국가들 안에서 불평등의 만연, 노동 불안정의 일반화, 사회적 보호망과 연대 형식의 파괴, 재정적 능력이 직접적으로 그들의 신분이 되는 소수의 과두적인 지배 집단에 의한 전체 권력의 몰수 등의 사실을 만천하에 드러냈다. 나는 이런 관점에서 동양과 서양을 구분하는 지점이 존재할 거라고 생각하지 않는다. 이런저런 나라들의 지정학적 상황이 민주주의적 투쟁과 민족적 의식 사이의 관계를 다른 방식으로 바꾸기는 하겠지만 오늘날 극소수의 손에 부와 권력이 편중되는 현상은 영국과 프랑스에서와 마찬가지로 한국과 일본에서도 역시 똑같은 현실이다. 이런 편중에 반대하는 항의는 시디부지드와 뉴욕에서, 시리아와 스페인에서, 그 지배적 질서가 가능한 것과 불가능한 것 사이, 합법적인 것과 불법적인 것 사이, 또는 침묵과 말과 소음 사이에서 정해놓은 경계들에 따라 다른 형식을 띨 수 있었다. 아랍의 독재정권들은 침묵을 강요한다. 소위 민주적이라 불리는 우리의 체제들은 반체제적인 발언을 할 수 있도록 내버려두지만 분노하고 고통 받는 이들의 소음을 그저 지배담론에 종속되는 말로밖에는 듣지 않는다. 그러나 경찰이 돈을 벌지 못하게 막는 튀니지 거리의 작은 상인이나 마드리드 또는 뉴욕의 고학력 실업자 모두 도처에서 노동의 불안정을 강요하고 도처에서 권력의 독점으로 치닫는 경제적이고 정치적인 질서에 같은 방식으로 불만을 토로하고 있다. 한국의 촛불시위나 아랍의 혁명 등 분노한 사람들의 운동은 경제적 불안정과 정치적 박탈이라는 이 세계화 전략에 맞서 민주주의적 감성의 각성을 다른 맥락으로 옮겨 담아내고 있다.

이택광 — 경제위기에 따라 '월스트리트를 점령하라'와 같은 다양한 시위가 서구에서 일어나고 있다. 당신이 예언가는 아니지만 지금까지 행해온 작업에 근거해 볼 때 향후 세계적인 차원에서 전개될 정치적 양상은 어떻게 될 것이라고 예측하는가?

랑시에르 — 가능한 장래에 대해 생각하기 위해서 우리는 우선 지난 20년에 회고적인 시선을 던져보아야 한다. 그 20년 동안 우리는 세계지배체제의 공고화를 목격했고, 또 그 안에서 강대국들이 국가간 기구들을 통해 금융자본권력이 바라는 변화들을 수행하면서 그들의 권력을 제한하는 연대와 사회적 보호망의 형식을 파괴해왔음을 목격했다. 또한 우리는 그런 금융자본이 모든 존재의 측면을 시장의 논리에 종속시키고 그런 척도를 마치 세계의 객관적 발전의 단순한 결과인 양 호도하는 것을 목격했다. 이런 체계는 집단적인 항의의 모든 형식을 무위로 돌리고 사회적 운동들의 폭력적 형식들을 범죄시하며, 체계로의 통합이 아니면 불법적인 테러 행위라는 단순한 선택지를 강요한다. '분노한 사람들'의 시위, 월스트리트 점령 운동이 중요한 것은 바로 이런 관점에서다. 이는 또한 통합된 유럽 국가 중 하나인 스페인에서 먼저 이런 운동들이 전개됐다는 사실과 무관하지 않다. 우파와 좌파 정부 모두 세계자본주의 시장의 논

 자크 랑시에르: 몫 없는 자들의 몫으로

리에 따라 유럽의회를 통해 공공서비스의 민영화, 부과된 사회적 권리의 파기라는 똑같은 프로그램을 적용하고 있기 때문이다. 교육체계가 행했던 노동의 약속이라는 거짓말과 과두제 국가가 행한 권력의 박탈을 동시에 경험한 젊은이들로부터 운동이 시작되었다. 이들은 민주주의가 국가의 논리와는 독립적인 민중의 권력을 의미한다는 사실을 상기시켜줬다. 이들은 또한 지배질서에 의해 형성된 개인주의적 고립의 형식들이 결코 돌이킬 수 없는 것이 아님을 보여주었고, 사람들이 체념과 테러 행위 사이의 단순한 선택지로부터 벗어나 대중의 평화적인 운동을 추진할 수 있음을 보여주었다. 그들은 여기서 어떤 다른 가능한 장래의 그림을 그려주었다. 그것은 자율적인 형식들을 발명하고 재발명하는 행동으로 가능한 민주주의의 장래다. 그러나 이런 장래는 분명 부서지기 쉬우며, 따라서 과두제 자본주의 국가의 세계화 전략에 맞서 이런 장래를 전개시키기 위해서는 거대한 에너지가 필요할 것이다.

최정우 옮김

최정우　작곡가, 비평가, 기타리스트. 서울대학교 미학과를 졸업하고 같은 대학원 불문학과에서 석사 학위를 받았다. 2000년 『세계의 문학』에 비평을 발표하며 등단했다. 『사유의 악보』, 『싸우는 인문학』(공저), 『알튀세르 효과』(공저), 『현대 정치철학의 모험』(공저) 등을 쓰고 『레닌 재장전』(공역)을 옮겼다. 현재 프랑스 파리 INALCO에서 학생들을 가르치고 있다.

2.

이택광 — 최근 당신의 저작들이 속속 영어로 번역되었다. 한국에서도 몇 권의 저서가 번역되면서 당신에게 관심이 집중되고 있는데, 특히 문학과 정치, 그리고 민주주의에 대한 논의가 각광을 받고 있다. 이런 관심의 의미는 당신의 철학이 기존에 확고했던 정치적 미학(예를 들어 벤야민의 개념)의 관점을 뒤흔들어놓았기 때문이라고 생각하는데, 미학과 관련해서 당신이 제기한 문제의식들이 어떤 관점에서 제기된 것인지 말해주면 좋겠다.

랑시에르 — 일단 미학은 내 전문 분야가 아니라는 사실을 분명히 하겠다. 나는 예술철학자나 예술사가가 아니고 미학적 철학의 전문가는 더더욱 아니다. 내 연구는 몇몇 문제와 독특한 대상들에서 출발하여 발전했는데, 그 문제와 대상들을 중심으로 나는 연구의 반경을 점점 더 넓혀갔고, 여러 분야의 경계를 횡단하는 연결점들을 확립하게 되었다. 그 출발점에 있는 것이 내가 오랫동안 수행했던 노동 해방 운동의 기원에 대한 연구다. 그 단계에서는 말의 통상적인 의미에서 미학적인 것이 전혀 없었다. 그러나 나는 질문 하나를 내 연구의 중심에 놓으면서 그 말이 의미할 수 있는 것을 다르게 이해하게 되었다. 그 질문은 노동자의 노동이라는 감각적 세계 속에서 살아가도록 운명 지어진 개인들이 어떻게 다른 세계들로부터 온 말의 힘에 사로잡히는가 하는 것이다. 다른 세계들이란 시의 세계, 혁명적 웅변의 세계, 종교적 약속의 세계 등이다. 그 결과 해방에 대한 연구는 말의 가장 구체적인 의미에서의 '감성론적인/미학적인esthétique' 연구임이 드러났다. 다시 말해 이 연구는 노동자들이 그들의 조건이 부과했던 세계와 다른 감각적 세계 속에 살 수 있는지 시험해보는 작업이다. 내 연구의 첫 번째 감성론적 핵심은 거기에 있다. 즉, 그 핵심은 예술 작품에 대한 성찰에 있는 것이 전혀 아니라 우선 내가 '감각적인 것의 분배/나눔the distribution of the sensible'이라고 부른 것과 어떤 사회적 질서가 연결된 방식에 대한 성찰에 있다. 다시 말해 이는 사회적 질서가 가

시적인 것과 사유 가능한 것의 어떤 절단과 연동되는 방식, 제작의 방식과 존재의 방식, 보고 생각하는 방식들 사이의 관계와 연동되는 방식에 대한 성찰이다. 노동자 문서고에서 찾아낸 많은 증언들을 통해 얻어낸 핵심에서 출발해 두 가지 방향 속에서 성찰을 진전시키게 되었다. 한편으로 나는 개인들 그리고 가끔은 집단들을 그들의 정상적인 운명에서 벗어나게 하는 말들의 이런 '초과'에 대한 성찰을 수행했다. 나는 이 질문에서 출발해 문학과 문학의 정치를 다시 사유했다. 다른 한편으로 나는 당시에 지배적이었던 미학과 정치의 관계에 대한 어떤 생각들을 의문을 제기하게 되었다. 특히 피에르 부르디외의 책들과 앵글로 색슨 예술 사회사의 대부분을 통해 표현된 이런 생각은 '미(학)적 감성'을 인민 대중이 가진 필요의 취향과 교양 있는 계급들이 가진 고상한 취향을 대립하게 하는 계급 구분의 현실을 감추는 데 사용되는 허울로 만들었다. 이런 종류의 분석은 사회적 투쟁과 인민의 고통을 다룰 때 미학주의를 발생시키지 않을 것을 요구하는 정치적 예술의 몇몇 이념과 상통하는 것이었다. 나는 노동 해방에 대한 연구를 통해 이런 분석과 규정들을 다시 문제 삼게 되었다. 왜냐하면 나에게 이런 분석들은 장인들에게 '그들 자신의 일'을 하라고 요구하는 오랜 플라톤주의적 금언을 다시금 확인하게 하는 것뿐 다른 어떤 것도 아니었으니까. 그 분석들은 실제로 한편에 가난한 자들의 몫(사회적인 것)을, 다른 한편에 가진 자들의 몫(감성적인 것)을 놓는 것으로 귀착되었다. 그런데 사회적인 전복은 정확하게 한쪽에 사회적인 것을 놓고 다른 한쪽에 감성적인 것을 놓는 분배 자체를 전복시키는 것으로 시작한다. 이를 통해 나는 민주주의 혁명의 시대에 감성적인 영역의 출현을 완전히 다시 생각하는 것으로, 그리고 칸트적인 감성적 탈이해와 셸링의 감성적 교육이 관념론 철학자의 소박한 전망을 정의하는 것이 아니라 감각적인 것의 분배 형식 속에서 실제적 단절을 정의한 것이었다는 판단으로 되돌아오게 되었다. 그것은 미학(감성론)이 예술철학이 아니라 감각적 실존을 지배하는 앎과 취향의 위계들과의 단절로 특징지어지는 어떤 감각적 경험의 체제라는 것을 의미하는 것이다. 그 지점에서 출발해 나는 '예술적 혁명들'이 무엇보다 경험의 지각 양식들 속에서의 혁명이었다는 사실을 부각할 수 있었다. 예를 들어 '추상적' 예술의 가능성은 작품의 존엄함과 그 주체의 존엄함 사이의 오랜 연관을 흩트리는 시선의 장기적인 전환을 전제한다. 그것은 이 전환이 탁월한 '탐미주의자'가 순수함을 추구하는 과정이 낳은 결과가 아니라 정반대로 예술의 자격이 있는 것 또는 없는 것을 말했던 미술의 오랜 위계질서의 붕괴가 낳은 결과물이라는 사실을 의미한다. 거기서 시작하여 나는 예술이라는 감성적 체제의 특성을 표시하는 분명 적대적인 두 현상 사이의 본질적인 관계를 이해할 수 있다. 다시 말해 예술은 무엇이라도 그 영역에 들어갈 수 있는 이상 특수한 경험의 영역으로 실존한다는 것이다. 그것이 정치와 감성론(미학)의 관계를 정의한다. 이 관계는 분리된 두 세계 사이의 외적 관계가 더 이상 아니다. 오히려 이는 정치로서의 행위와 감성론으로서의 감정, 예술적인 것으로서의 대상 또는 수행을 동일시할 수 있게 하는 감각적인 것의 분배 형식 속에서의 전환이다.

이택광 — 한국의 문단에서는 오랫동안 사르트르적인 의미에서 참여문학the literature of engagement에 대한 논의가 진행되었다. 한동안 가라앉았던 이 논의가 최근 한국 사회 내 계급갈등이 격화되면서 다시 테이블로 돌아왔다. 흥미롭게도 이 과정에서 당신의 철학이 문학의 정치성을 논의하기 위한 준거점으로 활용되었다. 당신의 문학론은 사르트르적인 관점에서 제기되는 참여문학론과 어떻게 다른 것인가?

랑시에르 — 참여문학의 개념은 아주 의심스럽다. 그것은 이미 사르트르 자신에게서도 의심스러운데, 왜냐하면 사르트르는

　　　　　　　　　　　　　　자크 랑시에르: 몫 없는 자들의 몫으로

말들을 사물처럼 다루기에 참여일 수 없는 시와 언제나 의미와 관련되어 있기에 참여가 아닐 수 없는 산문을 곧바로 구분하기 때문이다. 그런데 명백한 것은 만일 참여가 글쓰기의 형식과 연결된 특성에 의존한다면 문학이 참여적이어야 하는지 그렇지 않아야 하는지를 검토하는 문제는 제기되지 않는다는 것이다. 나는 작가의 개인적 참여에도, 언어의 명확한 사용법에도 의존하지 않는 문학의 정치를 정의하고자 노력해왔다. 나는 정치와 문학이 공통의 세계를 가르고, 그 공통의 세계를 보고 이해하는 형식들을 제안하며, 원인과 결과 사이의 관계에 대한 도식인 행동의 도식을 적용하는 여러 가지 방식들 사이의 관계를 사유하고자 노력했던 것이다. 예를 하나 들어보자. 19세기의 사실주의 소설은 서사적 요소에 비해 묘사적 요소들이 과다할 정도로 많이 사용되는 특징을 가지고 있다. 사르트르는 이를 행동과 의미를 무감각하게 만드는 부르주아적인 전략의 일부라고 해석한다. 그러나 줄거리와 사실주의적 묘사를 그 맥락 안에 놓고 생각하면 우리는 행동에 대한 묘사의 우위가 그 시대에는 실제 문학 안에서 민주주의의 승리로 받아들여졌다는 것을 깨닫게 된다. 서사적 행동의 낡은 특권은 사실 행동이라는 고결한 세계와 삶이라는 평범한 세계를 갈라놓는 귀족적인 관념의 특권이었다. 서사적 행동의 마비와 하찮은 것들에 부여된 중요성은 평범한 사람들^{gens du peuple}이 소설 안으로 들어가는 것, 다시 말해 가장 강렬한 감정과 가장 높은 열망을 느끼는 가장 비천한 사람들의 능력을 발견하는 것을 나타낸다. 문학은 그렇게 사회적 해방의 형식들 안에서 다른 길로 나타나는 운동의 성격을 띤다. 플로베르의 작품을 보면 책에서 읽었던 말들(행복, 취기, 정열)에 의미를 부여하려는 엠마 보바리의 시도는 자유, 평등, 박애, 연합, 공화국, 공동체 등과 같은 말들에 의미를 부여하려는 그 시대 노동자들의 시도와 협화음을 이룬다. 그런 이유로 당시의 반동적인 비평가들은 『마담 보바리』에서 문학에서의 민주주의라는 두려운 모습을 보는 것이다. 그러나 이 문학은 문학적 민주주의와 무관하며 심지어 그것과 대립할 수도 있다. 문학은 반역의 목소리와 사물의 표면에까지 새겨진 소리 없는 언어를 겨루게 하는 경향이 있다. 또한 문학은 민주주의 투사들의 눈부신 봉기와 전개인적 수준에 있는 미시-사건들의 민주주의를 겨루게 하는 경향도 있다. 다시 말해 투사적 정치의 '전체적인' 세계와 겨루게 될 들뢰즈적인 의미에서의 분자적 세계 말이다. 내 관심을 끄는 것은 작가의 참여 또는 무관심과 관계없이 문학적인 묘사와 서사에 자리 잡고 있는 여러 대립적인 정치 사이의 긴장이다.

이택광 ― 최근 세계 각지에서 벌어지고 있는 시위 상황들을 보면서 민주주의에 대한 당신의 논의를 상기할 수밖에 없었다. 민주주의의 죽음이 운위되던 시절에서 당신은 민주주의에 대한 중요한 내용들을 주장했다. 현 상황에 대한 당신의 입장은 무엇인지 알고 싶다.

랑시에르 ― 나는 지배적인 두 가지 해석에 반대하면서 민주주의를 다시 사유하고자 노력했다. 하나는 단순하게 대중 선거에 근거하는 제도적 형식 전체와 민주주의를 동일시하는 해석이고, 다른 하나는 민주주의란 계급지배를 그 내용으로 하는 사실상 단순한 형식이라는 해석이다. 나는 민주주의적 이념에는 역설적인 것이 있다는 점을 다시 사유할 것을 제안했다. 민주주의적 이념이란 아무개n'importe qui의 권력, 실재의 우월함(출생, 부, 지식 등등)을 통해 합법화되는 모든 권력 형식들과 단절한 권력이라는 이념이다. 내가 말했던 것은 한편으로 정치 일반은 오로지 그런 권력의 가정에서 출발하면서 존재하지만 다른 한편으로 사회 기관과 국가 기관을 기능하게 하는 권력의 형식들은 그런 아무개의 권력을 무력화시키는 데 지속적으로 매진한다는 것이다. 그런 이유로 이 권력은 언제나 국가 형식의 밖에서 그리고 그 형식에 반대하여 시위라는 자신의 고유한 형식을 가져야 한다. 한국의 촛불시위, 아랍세계의 봄 또는 '분노한 사람들'이나 '월스트리트를 점령하라'와 같은 운동이 만들어내는 시위에 각인된 것은 바로 이런 특징들임에 분명하다. 그 모든 경우에 공통적으로 존재하는 것은 정치 정당과 같은 국가 장치를 관리하는 힘들에 대해 독립적인 인민 권력의 단언이었다.

이택광 ─ 최근 한국에서 한국 학자들과 프랑스 학자들이 참가해서 『알튀세르 효과』라는 선집을 출간했는데, 거기에 당신의 『알튀세르의 교훈』이라는 책에 대한 논의도 포함되어 있다. 작년 영국에서 발행되는 〈래디컬 필로소피Radical Philosophy〉에서도 알튀세르에 대한 당신의 논의를 다루는 특집이 실리기도 했다. 지금 다시 알튀세르를 읽는다면 어떤 관점이 필요할까?

랑시에르 ─ 물론 여러 가지 가능한 관점이 있다. 1974년 『알튀세르의 교훈』을 썼을 때 내 관점은 명확한 정치적 이데올로기적 맥락 속에 명료하게 기입되었다. 중요한 것은 알튀세르의 사유를 객관적이라고 가정된 관점에서 연구하는 것이 아니라 그 사유에 속한 정치를 판단하는 것이었다. 다시 말해 중요한 것은 알튀세르가 마르크스로의 귀환이라는 이론적 기획을 여러 정치적 전제(그것을 말하건 말하지 않건)와 연결했던 방식

그리고 그의 사유가 실제로 투사적 지식인 청년들 안에서 생산했던 효과다. 나는 1968년 5월 이후라는 맥락 속에서 알튀세르의 텍스트들을 다시 읽었는데, 그것은 그 텍스트들이 야기한 모순적인 전유의 두 가지 형태에 의거한 것이었다. 말하자면 한편으로 '마르크스로의 귀환'은 자본주의적 질서뿐 아니라 제도권 공산당들의 권위를 뒤흔들었던 계쟁 형태와의 협화음 속으로 들어가 있었다. 프랑스에서 마르크스로의 귀환은 공산당의 정통성과 단절하고 중국 문화대혁명에서 영감을 얻은 마오주의 운동을 창조하는 데 자극을 주었다. 그러나 다른 한편으로 과학과 이데올로기의 대립이라는 알튀세르의 주요한 테제는 학생들의 봉기를 공격하고, 공식 마르크스주의의 권위와 대학에서의 특권적 지식인의 권위를 강화시키는 데 활용되었다. 내가 『알튀세르의 교훈』을 썼던 시기는 좌익주의 운동이 정체되기 시작하던 시기, 전통적 좌파가 후견인 없이 투사적 에너지를 회복하려 노력하던 시기였다. 나는 바로 이런 회복의 맥락 안에서 정통 마르크스주의 내부에 문화 혁명의 테마를 도입하려는 시도인 '이론에서의 계급투쟁' 위에서 쇄신된 알튀세르주의의 담론을 분석했던 것이다. 그것은 나에게 정황의 논쟁에 대한 것뿐 아니라 사유의 내적 구조화 방식을 사유의 실천적 활용과 연결하면서 사유를 탐구하는 데 있는 본질적인 입장에 대해서 대답하는 것이었다. 나에게 중요했던 것은 진짜 마르크스주의의 이름으로 가짜 마르크스주의를 고발하는 것이 아니라 알튀세르의 마르크스주의를 정의하는 이론과 정치 사이의 결합 형태에 대해 자문해보는 것, 더 넓게는 현재 마르크스주의자인 것이 무엇을 의미하는지 자문해보는 것이었다.

이택광 — 당신은 〈마르크스 재장전^{Marx Reloaded}〉이라는 다큐멘터리에서 "자본주의는 자본주의적인 것만을 생산한다"고 언급하면서 네그리의 '다중^{multitude}'에 대해 비판적인 태도를 취했다. 당신이 생각하는 정치적 주체라고 할 수 있는 데모스^{demos}는 어떤 관점에서 '다중'과 다른 것인가?

랑시에르 — 데모스는 나에게 아무개의 권력의 실현으로 정의되는 집단적이고 주체적인 역량이다. 그것은 운동 속에서 존재하는 공동체인데, 이 운동은 사회적 전체를 정체화된 부분으로 분배하는 것으로 정의되는 치안 질서와 그 공동체를 대립시키는 것이고, 이 정체화된 부분들은 그들의 자리와 기능 그리고 이 기능에 부합하는 '능력'을 통해 정의된다. 데모스는 이런 부분과 몫의 논리에 아무개의 능력을 대립시키는데, 그것이 내가 또한 몫 없는 자들의 몫이라고 불렀던 것이다. 그것이 말해주는 것은 데모스란 그들의 행위를 통해서만 존재한다는 것, 경제적이고 사회적인 실체를 갖지 않는다는 것이다. 다중의 경우에는 사정이 다르다. 다중은 경제적이고 사회적인 과정 그 자체에 내속적인, 다시 말해 자본주의적 발전의 과정에 내속적인 주체이고, 이 시스템을 지양하는 역량의 담지자다. 이런 이념은 자본주의적 시스템을 정의하는 생산 관계를 내부로부터 폭발하게 하는 생산력이라는 마르크스주의적 관념의 연속선상에 있다. 네그리는 이 마르크스주의적 개념에 존재론적 일관성을 부여한다. 다시 말해 다중은 공동체의 본질과 동일시되고 이런 본질의 감각적 실현을 저지하는 방해물을 제거하는 힘을 지닌 존재의 과다한 역량이다. 네그리는 그렇게 공동의 부를 이루고, 생산자들과 더 이상 분리되지 않는 집단 지성을 이루는 비물질적 생산의 발전 속에서 예고되는 미래의 공산주의를 본다. 내가 보기에 거기서부터 그의 사유는 동요한다. 한편으로 공산주의의 미래를 짊어진 집단 지성은 자본주의적 발전 과정 그 자체의 생산물로 이해된다. 나는 바로 그 전망과, 어떤 체제가 낳은 집단적 지성은 그 체제의 지성으로 남는다는 논변을 대립시킨다. 그러나 다른 한편으로 네그리는 공산주의적 지성이 분리―엑서더스―의 과정, 생산자들을 시스템에 대해 자율적으로 만들고, 그 시스템과 충돌하게 하는 과정의 결과라는 사실을 강조한다. 이와 같은 두 번째 견지에서 다중은 내가 구상하는 데모스와 가까워지는 경향이 있다.

이택광 — 당신의 책 『프롤레타리아의 밤*La nuit des prolétaires*』이 영어로 재출간되는 것으로 알고 있다.* 이 책에서 당신은 시를 짓는 노동자를 언급하면서 이런 미학적 실천이 노동자를 변화시키는 계기라고 썼다. 이런 생각은 불가능성의 정치에 대한 논의와 연결되어 있는 것 같다. 이런 불가능성의 정치가 어떻게 해방*emancipation*의 계기들을 만들어낼 수 있을까?

랑시에르 — 내가 불가능성 일반의 정치에 대해 말하는 것은 아니다. 나에게 불가능성은 절대적인 것이 아니다. 가능한 것과 불가능한 것을 고정시키는 것은 언제나 감각적인 것의 어떤 분배/나눔을 통해 생산된 결정된 불가능이다. 지적, 사회적, 정치적, 감성적(미학적) 전복의 운동은 가능한 것과 불가능한 것의 배열/분배*répartition*를 공격하는 운동이다. 『불화』**에서 나는 아벤티누스 언덕에서의 로마 평민들의 철수 투쟁의 이야기에 전

---

*   Jacques Rancière, *Proletarian Nights: The Workers' Dream in Nineteenth-Century France*, Verso, 2012.

**   Jacques Rancière, *La Mésentente*, Galilée, 1995.

형적인 지위를 부여했다. 이 투쟁에서 로마 원로원 귀족들이 발견한 불가능한 것은 평민들이 말한다는 것으로 그들이 단지 그들의 쾌감과 불쾌감을 표현하는 동물이 아니라 논증하기 위해 언어를 사용하는 존재들이라는 것이었다. 정치의 구성적 불일치란 바로 그것이다. 다시 말해 말할 능력이 없다고 여겨지는 사람들이 그들이 말한다는 것을 증명함으로써 불가능(한 것)의 규칙을 위반하는 것이다. 『프롤레타리아의 밤』에서 말하는 노동자 시인들의 경우 우리가 상대하는 것은 구술과 산문밖에 모르는 것으로 여겨지는 사람들이다. 그런데 그들이 글을 쓴다. 그들은 운문으로 글을 쓴다. 그들에게 요구되는 '통속적인' 시를 쓰는 것이 아니라 시인들의 시를 쓴다. 내가 보기에 이런 개인적인 실천은 노동자들로 하여금 임금은 개별 노동자들이 고용주와 교섭하는 일이 아니라 공적 토론과 시위에 속하는 집단적인 일이라고 결정하게 하는 집단적 실천과 마찬가지로 가능한 것들의 질서에 대한 단절의 일부를 이루는 것이다. 이런 실천은 주인을 필요로 하지 않은 채 생산할 능력이 있다고 노동자들 스스로 선언하게 하는 훨씬 더 근본적인 단절과 일맥상통한다. 불가능한 것은 사실상 이중의 지위를 가진다. 한편으로 불가능을 주장하는 것은 가능한 것의 영역을 선험적으로 한정하는 데 사용된다. 다시 말해 평민이 말하거나 노동자가 주인 없이 생산하는 것은 지배적인 논리로는 가능하지 않다. 다른 한편 불가능한 것의 의미는 가능한 것의 울타리를 무너뜨린다. 1968년에 이런 슬로건이 있었다. "현실주의자가 되라. 불가능한 것을 요구하라." 실제로 우리가 가능한 것을 얻는 것은 오로지 불가능한 것을 추구하면서 이루어진다. '노동자 공화국'을 원했던 노동자들은 대신에 '사회적 권리'를 쟁취했다. 오늘날 이런 모든 권리를 폐지하고자 하는 세계의 지배자들이 갖는 집념은 그들이 가능한 것과 불가능한 것의 이런 변증법에 나름대로 얼마나 민감한지를 잘 보여주고 있는 것이다.

이택광 ─ 그 정치가 해방으로 나아가고자 하는 것이라면, 그것은 당신이 비판하고 있는 철학자의 정치 또는 진리의 정치와 유사한 것이 아닌가? 결국 현실의 정치가 배제하는 지점을 정치의 출발점으로 삼는다는 점에서 당신의 정치 역시 철학자의 정치라고 할 수 있지 않은가? 진리의 정치를 좀 더 긍정적으로 사유할 수 있지 않을까?

랑시에르 ─ 나는 정치 일반의 존재 조건을 정의하고자 시도했다. 그 정치란 이미 주어진 우월함의 관계(출생, 부, 지식 등등)에 의거하는 것이 아니라 반대로 그런 관계의 부재에 의거하는

 자크 랑시에르: 몫 없는 자들의 몫으로

역설적 권력의 존재다. 다시 말해 권력을 실행하는 어떤 특수한 자격도 없는 자들의 권력 말이다. 그런 권력이 모순적이고 불가능한 것 또는 사유 불가능한 것으로 나타난다는 것은 명백하다. 우선 권력을 실행할 자격을 통해 그들의 권력을, 그리고 그 실행 자체를 통해 권력을 실행하는 그들의 자격을 반복적으로 합법화하는 사회적 권위의 모든 형식에게 그것은 불가능하고 사유 불가능한 것이다. 철학이 공동체의 본질을 기초로 정치를 세우고자 할 때 그것은 철학에 대해서도 역시 스캔들이 된다. 정치는 공동체의 본질에 근거하는 것이 아니라 공동체의 모든 본질의 돌이킬 수 없는 분열에 근거한다. 그렇지만 이 아무개의 '불가능한' 권력은 아주 실질적이고 그야말로 정치적인 권력을 세울 수 있는 유일한 권력이다. 부, 출생 또는 지식 자체만으로는 정치적 권력이 아닌 경제적, 기술관료적, 사제적 권력 등을 세울 뿐이다. 그것이 말하는 바는 오늘날의 정권들이 모순에 근거하고 있다는 것이다. 말하자면 실천 속에서 그 정권들은 부의 권력과 지식의 권력 사이의 어떤 동맹으로 기능하다. 다른 한편 그 정권들은 최종적으로 보잘것없는 자의 권력에 근거를 두어야 한다. 비록 그 권력의 실질적인 실행을 끊임없이 억압하는 한이 있더라도 말이다. 오늘의 국가는 계속 공통의 문제를 탈정치화시켜야 하고, 그 문제들을 인구 유동의 관리 문제로, 전문가 정권의 소관인 부의 문제로 전환시켜야 한다. 이런 실행은 오늘날 유럽 연합 내부에서 극단까지 나아갔다. 유럽 연합에서 국가 수장들과 금융가들의 기업연합은 각 국가의 의회들에게 그들이 인민들에게 부과해야 하는 조치들을 강요하고 있다. 이런 실행에 맞서 정치는 국가 기구를 기능하게 하는 수단들과 구분되는 자신의 고유한 수단을 가져야 한다. 나는 불가능성의 정치를 제안하지 않는다. 나는 부정의 맹신자 또는 유토피아의 지지자가 아니다. 나는 단지 재화와 인구의 관리뿐 아니라 정치 일반이 존재하도록 하는 조건들을 얻어내고자 시도할 뿐이다.

이택광 — 해방의 문제와 관련해서 당신은 푸코의 견해에 동의하지 않는 것처럼 보인다. 이런 생각은 『프롤레타리아의 밤』에서도 개진되고 있는데, 특히 운명에 저항하는 고니Gauny의 삶에 대한 진술이 그렇다. 고니는 해방에 대한 당신의 생각을 정확하게 보여주는 캐릭터인 것 같다. 결국 해방의 문제는 '주어진 것들'을 다르게 사용하는 것이라는 말이기도 한데, 이런 다름은 감각적인 것의 나눔과 어떤 관련을 갖는 것인가? 감각적인 것의 나눔을 변화시키는 것이 곧 주어진 조건을 바꾸는 것인가?

자크 랑시에르: 몫 없는 자들의 몫으로

랑시에르 — 내가 보기에 푸코에게는 피지배자들이 감각적 삶의 새로운 형식을 창안한다는 의미에서의 해방의 사유가 없는 것 같다. 또한 서로 다른 때에 그가 가지고 있었던 두 가지 위대한 영감을 일찍이 결합시켰던 것 같지도 않다. 그 두 가지 영감은 훈육적 체계에 대한 그의 분석을 나타내는 권력-저항의 쌍에 대한 사유와 고대적 사유에 대한 그의 작업과 연결된 자기의 발명이라는 사유다. 그가 그것에 가장 접근한 지점은 아마도 '파렴치한hommes infâmes'의 삶에 대한 분석일 것이다. 그러나 그들의 운명을 설명하는 문서고에서 그의 관심을 끈 것은 가장 비천한 자들의 존재가 권력의 망으로 떨어지는 방식 그리고 그 기록 형식을 통해 포착되는 방식이다. 예를 들어 피에르 리비에르의 경우가 그러하듯 그것은 비천한 사람들이 그들의 운명을 사유하고 그들의 행동을 정당화하도록 글쓰기를 통해 포착되는 방식이 아니다. 설령 그의 수기가 사법적 소송의 일부라 하더라도 피에르 리비에르는 그 자신의 행위를 사유하기 위해 우선 사적인 텍스트를 썼다. 그것은 그와 동류의 사람들이 글쓰기, 사유와 맺는 관계를 사적인 텍스트 차원에서 증언하는 것이다. 나에게 많은 영감을 주었던 목공 고니의 글은 권력의 모든 요구와 무관하다. 그 글을 다르게 다루는 두 가지 방법이 있다. 우리는 그것들을 단지 노동자의 존재에 대한 문서로 다룰 수 있다. 하지만 만약 그렇게 한다면 우리는 그 글이 가진 반성적이고 수행적인 차원을 놓치게 된다. 고니는 노동의 하루 여정에 대해 말하지 않는다. 그는 그것을 글쓰기를 통해 재구축한다. 그리고 무엇보다도 그는 자신의 경험에 대한 글쓰기를 그 경험을 전환시키는 수단으로, 착취를 통해 도둑맞은 시간과 소유권을 통해 독점된 공간의 소유를 되찾는 수단으로 만든다. 그가 그와 그의 동료들을 위해 행하는 것은 글쓰기를 통한 자기의 재전유 작용이다. 이런 작용은 감각적인 것의 분배/나눔에 이른다. 그것은 노동자의 몸이 시간과 공간의 분배/나눔 속에 기입된 것으로 간주되는 방식을 수정한다. 그는 노동자의 능력을 손의 힘에서 시선의 힘으로 옮겨놓는다. 그는 노동자가 말하는 방식, 언어를 활용하는 방식, 노동자가 낮과 밤에 할 일을 분배하는 방식, 그의 생산과 소비를 관계 짓는 방식을 바꾼다. 해방이 의미하는 것은 바로 이런 모든 것이다. 고니는 그것을 개인적인 경험의 틀 안에서 표현한다. 그러나 이 개인적 경험은 노동자들이 서로 말하고 그들의 고용주에게 말하기 위해 모이는 방식, 그들이 그들의 말의 지위를 바꾸는 방식, 그들이 동시에 새로운 삶의 수단과 투쟁의 능력을 창안하는 방식 속에서 즉시 연장된다.

이택광 — 당신은 68혁명에서 다른 철학의 계기를 발견한 것으로 안다. 거칠게 말해서 이론에서 실천으로 관심을 이동시켰는데, 이 과정에서 『프롤레타리아의 밤』과 같은 책이 탄생했다. 전후 질서를 대표하던 세계체제가 흔들리고 있는 요즘, 68혁명의 의의를 회고한다면 어떤 의미를 갖는다고 말할 수 있을까?

랑시에르 — 『프롤레타리아의 밤』이 이론에서 실천으로의 이동을 표시하는 것은 아니다. 차라리 그것은 이론과 실천을 그 관계와 더불어 다시 사유하는 방식이었다. 1968년은 나에게 이론과 실천의 관계에 대한 어떤 모델의 파산이었다. 그 모델에서 실천적 행동은 지배의 희생양들에게 체계의 법칙과 그 법칙에서 빠져나가는 방법을 가르치는 인식의 우위에 복종하는 것이었다. 이론의 이런 전망은 피지배자들이 지배당하는 것은 그들이 지배의 법칙을 모르기 때문이라는 생각과 연결된 것이었습니다. 1968년이 보여주는 것은 복종과 반역의 원인은 복종과 반역 그 자체일 뿐이라는 점이다. 반역은 자각의 결과가 아니다. 오히려 반란이 폭발하는 세계를 다르게 이해하게 하고, 우리가 적응하고 있었던 것을 참을 수 없는 것으로, 불가능해 보이던 것을 가능한 것으로 나타나게 하는 것이 바로 반란이다. 반란은 또한 모든 사람이 생각한다는 단언, 사유가 구상되는 세계와 그것이 적용되는 세계가 따로 있지 않다는 단언이기도 하다. 내가 『프롤레타리아의 밤』에서 적용한 것은 바로 이런 교훈이다. 말하자면 나는 노동 해방이 생산의 과학에 기초한 운동이 아니라 무엇보다 노동자들에 의한 그들의 사유 능력, 의식/지각^{sentir} 능력, 그때까지 특권계급에게 제한되어 있었던 것을 실천하는 능력의 단언임을 보여주었다. 나에게 이런 교훈은 현안의 문제로 귀착한다. 소비에트 제국의 붕괴 이후, 모든 사회관계를 시장의 법칙에 종속시키려 하는 자본주의적 유토피아가 전적으로 지배하는 시대가 있었다. 이런 지배는 역사적 필연에 대한 마르크스주의적 논변을 자신에게 유리하도록 계승했다. 시장의 세계적 승리가 발전의 종말로서 혁명을 대신하였기 때문이다. 이른바 좌파 정당과 소위 진보적인 지식인들은 대규모로 이런 전망에 복종했다. 2008년 금융위기 이래로 그리고 많은 나라에서 일어난 ('분개한' 것이건 아니건) 민주주의적 운동 이후로 우리가 느끼는 감정은 과두제의 지배가 적어도 그 전망이 스스로에게 부여했던 과학적인 합법성을 상실했다는 것이다. 과두제의 권력은 적나라하게 드러났고, 그거에 대항하여 역사적 필연성이란 없다는 생각, 지배 질서에 맞서 봉기하는 것은 가능하고 합법적이라는 생각이 그 힘을 회복했다.

 자크 랑시에르: 몫 없는 자들의 몫으로

이택광 — 당신이 이야기하는 정치적인 것the political은 재현되는 것과 재현되지 않는 것 사이에서 조성되는 긴장관계에서 발생하는 것처럼 보인다. 둘이 불가분의 관계를 이루는 것이라면 경제의 문제는 어디에 위치할까? 경제결정론은 아니라고 하더라도 전후 자본주의에서 발생하고 있는 현재의 경제위기국면은 해방의 문제와 어떻게 연결될 수 있는가?

랑시에르 — 사람들은 나에게 경제를 망각했다는 고전적인 비난을 가한다. 그러나 문제는 '경제'가 정확하게 무엇을 의미하는지 아는 것이다. 그 논변을 다루는 사람들은 경제를 정치적 외양의 실재로 간주하는 사고방식에 근거한다. 경제를 망각하는 것은 그들에게 모든 것이 경제에 의해 결정됨에도 불구하고 정치의 외관에 사로잡히는 바보가 되는 것을 의미한다. 일단 바보라고 손가락질 받고 나면 학자들은 조용해진다. 일찍이 결과가 그 원인을 제거할 수 있는 가능성은 많지 않기 때문에, 그들은 바보들보다 그것에 대해 더 많이 알고 있다는 감정을 그들에게 영원히 안겨줄 현실이 언제나 자기들 편이라고 확신한다. 내 관점은 다르다. 중요한 것은 학자의 지위를 점하는 것이 아니라 사물이 어떻게 변화할 수 있는지 아는 것이다. 그리고 경제, 그것이 우선적으로 의미하는 것은 자본과 노동의 투쟁, 계급투쟁이다. 그리스에서 최저임금의 20퍼센트 삭감을 부과한 것은 단지 노동 비용을 축소하는 것만은 아니다. 그것은 노동자들이 그들의 권리를 부과하기 위한 집단적 권력이 없다는 감정을 생산하는 것이다. 계급투쟁은 확고하게 정치적이고 경제적이며 이데올로기적이다. 우리는 날마다 금융 세력과 국가 세력 사이의 점증하는 융합을 확인한다. 경제는 정부에 그 법칙을 부과하는 필연성이 아니다. 그 강제규정을 부과하는 것은 오늘날 정부다. 30년 전 사람들은 정부가 자유 경쟁을 기능하도록 내버려두어야 할지 또는 그것에 한계를 부여해야 할지 의문을 품었다. 그러나 오늘날 '자유 경쟁', 다시 말해 시장의 법칙을 삶의 모든 분야에 부과하는 것은 정부다. 따라서 경제적인 문제는 그 어느 때보다도 더 정치적인 문제다. 그리고 정치적인 문제는 그 어느 때보다도 국가 권력에 대해 자율적인 인민의 권력의 현실성 또는 비-현실성의 문제다. 이 자율적 권력은 적절한 수단 전체의 창조를 거친다. 그리고 이런 수단들 중 경제적인 수단들, 이윤의 법칙에서 벗어는 생산과 분배의 형식들, 공식적인 경제 과학 등과 대립하는 경제적인 재감정의 형식들이 역시 있다. 투쟁의 경제적 차원은 확실히 기본적이다. 그러나 정확하게는 최종 원인의 형식 안에서가 아니라 분열, 투쟁과 관련해 경제를 사유해야 한다.

이택광 — 이 지점에서 국가의 문제를 이야기하지 않을 수 없을 것 같다. 당신은 국가보다 폴리스라는 말을 더 선호하지만 넓게 보았을 때 사실상 이 용어는 국가라는 제도적 장치를 지칭하는 당신의 용어라고 볼 수 있다. 그런데 당신은 폴리스라는 용어와 긴밀히 연결되어 있는 현재의 정치 체제인 당 중심의 의회 민주주의를 직접적으로 검토하지 않는 것 같다. 의회민주주의는 불평등한 언표의 불가능성을 가로막는 시스템이라고 할 수 있지 않을까? 이 정치적 시스템에 대한 당신의 입장은 무엇인가?

랑시에르 — 나는 우리가 오늘날 경험하고 있는 국가 체제를 '의회민주주의'로 정의하는 것은 두 가지 본질적인 이유에서 틀렸다고 생각한다. 우선 이 두 말의 결합은 의심스럽다. 민주주의란 아무개들의 권력인 최대다수의 권력에 의한 실행이다. 의회 체제란 소수의 직업 정치가들이 이 권력을 몰수하는 체제다. 나는 실제로 나를 비판하는 사람들보다 훨씬 더 국가 권력의 형식들이 갖는 물질성에 신경을 쓴다. 그래서 나는 추상적으로 '의회주의'를 고발하기보다는 진정한 민주주의를 현행의 대의제 시스템으로부터 분리해내는 많은 요구를 상기시켰다. 진정한 민주주의는 추첨으로 주어진 역할분담과 동시에 단기적이고 갱신불가능한 위임을 전제한다. 또한 나는 의회적 시스템이 그 자체로 도처에서 몰락하고 있다는 사실을 확인한다. 그것은 모든 시스템이 사실상의 군주인 대통령 선거에 기초하고, 의회는 이 군주에 완전히 봉사하는 역할, 전적으로 부차적인 역할을 하는 프랑스와 같은 나라에서 특히 그렇다. 그것은 위원회가 이끄는 통합된 유럽의 틀에서도 역시 그러하다. 그 위원회의 구성원은 대중 선거로 지명되는 것이 아니라 국가의 수장에 의해 지명되고, 금융제도와 긴밀하게 연결된 사람들이기 때문이다. 그리스 같은 나라에서 유럽의 국가기관과 금융기관들이 의회로 하여금 임금과 사회적 혜택의 일련의 삭감 조치를 의결하도록 강요할 때, 우리는 당연히 의회민주주의에 대해 말할 수 없다. 오늘날의 철학자들이 계속해서 민주주의와 의회주의를 동일시하고 현행의 국가 체제가 의회 시스템이라고 믿는 체할 때 그들은 단지 공인된 속임수를 추인할 뿐이다. 그들은 불확실하게 의회주의와 그 내용이 전적으로 막연한 공산주의를 대립시킨다. 나는 더 나은 것을 원한다. 그것은 금융적, 국가적 과두제의 지배와 자신의 자율적 기관을 소유하고 국가 지배의 실제적인 형식들을 공격하는 데 집중하는 인민의 권력이라는 이념을 대립시키는 것이다.

이택광 — 앞으로 출간 계획과 작업하고 싶은 것이 있으면 마지막으로 한국의 독자들에게 소개해달라.

랑시에르 —『아이스테시스』라는 책을 최근에 출간했고, 지금 한국어 번역이 진행되고 있다. 이 책은 18세기 말 이래 서구에서의 예술의 감성적 체제에 대한 내 연구의 결실이다. 그때그때의 많은 사건을 통해 그리고 이 사건들에 의미를 부여하는 담론의 그물망을 통해, 나는 이 체제의 많은 특징적인 윤곽을 명백하게 부각하고자 했다. 그래서 나는 공연, 퍼포먼스 또는 순수 예술의 세계 외부에 있던 대상들, 위계의 맨 밑바닥으로 밀려나 있던 대상들을 포함하면서 예술의 영역이 구성되는 방법을 따랐다. 1828년에『미학 강의』*에서 헤겔은 거지 소년을 그린 바르톨로메 무릴로^{Bartolome Murillo}의 두 작품을 찬양한다. 이런 '풍속'화는 그때까지 회화적 위계의 맨 밑바닥에 있었다. 그런데 헤겔은 거지 소년의 무사태평함을 올림푸스 신들의 평온함과 동등한 것으로 만들었다. 13년 후 보스턴에서 에머슨은 현대 세계의 시가 가장 평범한 활동들 속에, 농민, 마부, 백정의 제스처 속에, 땅의 개간과 상행위, 선거에서의 선전행위

---

* G. W. F. 헤겔,『헤겔의 미학강의』(전3권), 두행숙 옮김, 은행나무, 2010.

속에 있는 영성을 끌어내야 한다고 선언한다. 1880년대에 프랑스 시인인 방빌Banville은 줄타기하는 광대들을 탁월한 시인들로 인정한다. 몇 년 후 말라르메가 로이 풀러Loie Fuller의 스카프 춤에 탄복한 것, 공간 속에서의 새로운 글쓰기의 모델을 본 것은 바로 대중 희가극에서였다. 이렇게 나는 모더니즘 이데올로기의 규준과는 아주 거리가 먼, 현대 예술에 있어서의 창조적 전환의 이미지를 부여하는 연극 또는 장식예술, 사진 또는 영화 속에서의 많은 사건들을 따라간다. 그리고 나는 또한 예술 형식, 삶의 형식 그리고 정치 형식 사이에 그렇게 확립된 역설적 관계를 분석한다. 예를 들어 지가 베르토프 같은 소비에트 영화인이 운동의 영상 몽타주를 공산주의의 직접적 실현으로 삼았을 때 그렇다. 현재 내가 진행하는 연구는 이 책에서 드러나는 몇 가지 의문의 연장이다. 특히 나는 역사 개념들, 사건 개념들, 그리고 소설 속에서 벌어지는 사건들 사이의 연관관계에서 발생하는 개념들의 전환이라는 문제에 대해 연구하고 있다. 내 연구의 지평은 말, 제시, 행위의 관계 문제다.

서용순 옮김

서용순   성균관대학교를 졸업한 뒤 프랑스로 건너가 알랭 바디우의 지도로 철학 박사 학위를 받았다. 현재 고려대학교와 성균관대학교에서 강의하고 있다. 『처음 읽는 프랑스 현대철학』(공저), 『알튀세르 효과』(공저) 등을 쓰고 바디우의 『철학을 위한 선언』과 『베케트에 대하여』를 옮겼다.

지그문트 바우만 Zygmunt Bauman
'2012년 현상'을 기억하라!

"역사, 자본주의, 정치, 가족, 문명 등 이런저런 '종언'에 대해 말하는 것은 오늘날 가장 쉽게 눈에 띄는 유행이다. 그러나 개인적으로 나는 주의를 당부하고 싶다. 무엇인가 진짜로 종언을 고한다면 긴 시간이 지난 뒤에야 그것이 끝났다는 사실을 알게 될 것이다."

1.

이택광 — 당신은 〈사회 유럽Social Europe Journal〉이라는 웹진과 이루어진 인터뷰에서 2011년을 '움직이는 사람들의 해'라고 묘사했다. 당신은 평소에 현대 사회가 유동성의 문제에 직면해 있으며, 이 때문에 우리는 언제나 해체의 공포에 사로잡혀 있다고 주장했다. 인간의 삶이라는 관점에서 본다면 이런 조건은 재난적인 상황이라고 할 수 있다. 당신이 언급한 '움직이는 사람들의 해'라는 것은 평소 이야기해온 내용과 관련해서 어떤 의미를 갖는가?

바우만 — 무엇이라고 확정짓기에 너무 이른 감이 있다. 유행이라는 것은 왔다가 스러져버린다. 그래서 역사적인 변동은 종종

잠복해 있는 법이고, 지나간 뒤에야 비로소 돌아볼 수 있는 것이다. 시간이 흘렀고 이제 '아랍의 여름'은 요원한 것처럼 보이지만 우리가 '아랍의 봄'을 환영했던 것은 사실이다. 이 사건에 대해 말할 수 있는 것은 간단하다. 기존의 정체 제도가 수립할 수 있고 수립하고자 하는 것에 대한 불만과 실망이 광범위하게 드러난 것이다. 여기서 정치적 행위의 대안형식이 도출될 것이다. 이런 대안들의 효과는 서서히 발현될 수밖에 없다. '월스트리트를 점령하라'는 실제로 거기에 있는 '점거자들'에게 아무런 예고를 주지 않았다. 마치 아무것도 일어나지 않는 것처럼 오래된 분노의 방식들을 그대로 따랐는데 예측하지 못한 일이 벌어진 것이다.

이택광 — 요즘 많은 사람이 자본주의 위기에 대해 말하고 있다. 신자유주의의 종언이라는 말도 들린다. 자본주의는 끝났다는 선언에 대해 어떻게 생각하는가? 이렇게 말하는 이들이 진정 위기의 현실을 직시하고 있다고 보는가?

바우만 — 독심술사가 아니라서, 그런 소리를 늘어놓는 사람들이 진짜로 그걸 믿고 있는 것인지 알 수 없는 노릇이다. 그 진의가 무엇인지도 모르겠다. 하지만 계속 내가 반복해서 말하고 있듯이 지금 우리는 좋든 싫든 정치적 공책의 시기에 살고 있다. 옛날 방식은 더 이상 작동하지 않는다. 새로운 방식들도 마지못해 미적지근하게 시도되고 있을 뿐이다. 처음부터 다시 시작하게 만드는 것이 파산이라면 새로운 방식들은 이 파산의 기회를 대체한다.

이택광 ─ 한국처럼 유럽에서도 실업문제가 매우 심각한 것처럼 보인다. 특히 스페인과 이탈리아에서 신자유주의 경제를 도입해서 이런 문제가 더욱 가중되었다는 것이 중론이다. 신자유주의적인 세계화가 이런 문제를 야기했다고 생각하는가?

바우만 ─ 지금 우리가 당면하고 있는 다른 문제들과 마찬가지로 이 문제는 만연한 소비주의와 분수에 넘친 삶이 캄캄한 복도로 우리 자신을 밀어 넣었기 때문에 발생한 것이다. 한마디로 미래 세대를 대가로 지불하고 나눠 가져야 할 미래를 저당잡힌 상태다. 그러나 당신이 제대로 지적했듯이 증가하고 있는 청년 실업은 특별한 무게감을 갖는다. 이 문제는 '능력주의 사회meritocracy'에 대한 분노의 표출이다. 그래서 대단히 야단스러운 특별조치로, 사회적 불평등으로 발생한 잠재적인 갈등을 무화시키고 박탈당하고 거부당한 집단들을 사전 제거함으로써 반대자를 무력화시키는 수단들이 강구되고 있는 것이다.

이택광 — 2011년에 일어난 영국 폭동을 일컬어 당신은 '좌절한 소비자들의 반란'이라고 말했다. 인상 깊었던 것은 폭동에 가담한 소비자들의 좌절감을 당신이 지적했다는 점이다. 이런 좌절감의 원인은 무엇이고, 무엇이 이런 좌절감을 행동으로 이끈다고 생각하는가?

바우만 — 간단하다. 당신이 지금 대량실업과 희망 없는 가난으로 고통받고 있는 박탈당한 도시에 살고 있는데, 눈앞에 '잘나가는' 소비자들이 뻔질나게 드나드는 화려한 쇼핑몰이 있다는 상상을 해봐라. 이 소비자들은 신용카드를 몇 개씩이나 가졌고 우대계좌를 보유한 이들이다. 그러나 당신은 이 쇼핑몰에 들어갈 수도 없고, 얼쩡거리다가 안전요원에 발각이라도 되면 대번에 쫓겨날 신세다. 런던 폭동 가담자들은 소비의 맛을 보고 싶어 했지만 어떤 대가를 지불하더라도 소비주의의 즐거움은 이들에게 허락되지 않는 것이다. 런던 폭동은 소비주의로부터 추방당한 부랑자들이 벌인 소비주의적인 카니발이었다.

이택광 — 당신은 최근 정부의 문제로 정책 집행의 통제력을 잃어버린 상황을 지목했다. 예를 들어서 당신은 경제공황에 대비한답시고 쏟아내는 자본주의 위기에 대한 일괄해결책에 비판적이었다. 이런 의미에서 정상성으로 복귀한다는 것은 불가능하다는 말인가? 현실적 문제를 해결하기 위해서 당신은 어떤 대책을 제시할 수 있는가?

바우만 — '정확한 해결책'을 제시하기에 바쁜 장관들을 비난할 수는 없다. 그들에게 맡겨진 일이 그것이다. 정부의 무능은 권력과 정치의 분리에서 기인하는 것이다. 일을 제대로 처리할 수 있는 능력이라고 말할 수 있는 권력과 어떤 일을 할 것인지 결정하는 능력 사이에 괴리가 발생했다. 현존하는 정치제도가 자신의 권력을 무장해제당한 것과 달리 오늘날 가장 영향력 있는 권력은 정치적으로 통제되지 않고 있다. 권력과 정치를 다시 결합시키지 않는 한 당장 발등에 떨어진 불을 끄거나 일시적으로 구멍을 메울 수 있는 것 이외에 정부가 할 수 있는 일은 거의 없다.

이택광 — 어떤 이들은 소셜네트워크를 사회혁명이나 민주화를 위한 촉매제로 상찬한다. 한국의 촛불집회나 아랍의 자스민혁명, 그리고 '월스트리트를 점령하라' 같은 대중운동과 SNS의 관계를 긍정적으로 평가하는 분위기다. 민주주의를 향한 사회 변화에 SNS가 어떤 효과를 미친다고 보는가?

바우만 — 다시 한 번 말하지만 [그렇게 말하는 것은] 너무 이른 판단이다. 디지털 미디어가 만들어내는 온라인상의 동원력은 전례 없던 일이다. 그러나 또한 과거에 볼 수 없던 부박함도 드러낸다. 인터넷 데이트를 생각해봐라. 하룻밤 섹스를 할 수는 있지만 이 관계가 오래 지속되거나 행복한 관계로 이어지기 어렵다. '사회적' 웹사이트들이 사람들을 거리로 이끌기는 용이하다. 그러나 계획했던 일이 끝날 때까지 그들을 붙잡아두는 것은 쉽지 않다. 더구나 치열하게 블로그에 글을 남기고 열심히 트윗을 보냄으로써 많은 이들은 자신들의 정치적 의무를 다하고 훌륭하게 정치적인 삶에 참여한다고 생각한다. 소셜네트워크는 정치제도를 대체하고 있다. 그러나 도대체 무엇으로 대체하고 있는가? 정치에 대한 환상? 오프라인의 현실성으로 전이될 수 없는 온라인의 인공성? 소셜네트워크의 효과를 묻는 질문들에 대답할 수 있는 그 무엇에 대해서 아직 우리는 아는 것이 없다.

이택광 — 당신의 책들이 대부분 한국어로 번역되어서 독자들에게 소개되었다. 한국의 독자들에게 해주고 싶은 말은 무엇인가? 우리가 살고 있는 이 세계의 문제들에 대한 해결책을 고민하는 이들에게 당신이 제시할 수 있는 생각은 무엇인가?

바우만 — '2012년 현상'은 위키피디아의 항목 중에서 가장 긴 것이다. 이 백과사전은 '실시간'으로, 현재 발생하고 있는 관심의 강도, '쟁점들' 사이의 위계관계, 그리고 인간의 지식 상태와 더불어서 대중적 관심이 쏠리고 있는 지점들을 기록하고 있다. 이 모든 것은 과거의 백과사전이 주요한 대상으로 삼았던 것이기도 하다. 방대한 양의 각주와 참고문헌도 망라되어 있다. 우리는 이런 점에서 위키피디아를 신뢰할 수 있다. '2012년 현상'은 대중적 관심의 중심에 계속 놓여 있을 것이다. 또한 인간의 걱정, 예감, 이해를 다양하게 엮어낸 것을 그려내고 받아들이고 소화하고 재활용하면서 점점 더 이런 작업의 중요성은 증대될 것이다. 위키피디아의 작업은 서로 비교하고 집약하고 뒤섞고 혼합해서 '전복적인 대폭발'을 구성하고, 해체되거나 증발하고 사물, 조건, 기대와 희망의 관점에서 사라지는 것들에 대해 일상적으로 폭로한다. 친숙성과 일상성, 그리고 더 나쁜 것이 아니라 더 나은 것을 위해 변화시키는 것이라는 희망이 있어 우리가 인식하고 의지하는 사물과 조건은 편안하고 아늑하

　　　　　　　　　　지그문트 바우만: '2012년 현상'을 기억하라!

다. 역사, 자본주의, 정치, 가족, 문명 등 이런저런 '종언'에 대해 말하는 것은 오늘날 가장 쉽게 눈에 띄는 유행이다. 그러나 개인적으로 나는 주의를 당부하고 싶다. 무엇인가 진짜로 종언을 고한다면 긴 시간이 지난 뒤에야 그것이 끝났다는 사실을 알게 될 것이다. 심지어 그렇게 되더라도 우리는 그 판단이 제대로 들어맞은 것인지, 혹은 수정될 필요가 있는 것인지 확신할 수가 없다. 미래가 무엇을 가져올 것인지 알고자 한다면 사회학자가 아니라 현재의 경향을 열심히 분석하는 점쟁이에게 물어봐라. 이미 세상을 떠난 체코의 바츨라프 하벨 대통령은 실제로 일어나기도 전에 역사를 기획할 수 있다는 예언과 환상을 경계하도록 조언했다. 미래에 영향을 미치고 싶다면 국민이 어떤 노래를 부르고 싶어 하는지 알 필요가 있다고 그는 말했다. 그러나 바로 그 말에 덧붙이기를, 내년에 국민이 무슨 노래를 부르고 싶어 할지 아무도 알 수 없다고 했다. 나 역시 [그런 예견을 할 수 있다고] 믿지 않는다.

2.

이택광 — 당신은 근대성과 관련한 개념으로 '액체성^{liquidity}'을 제기하고 있다. 당신의 작업에 관심이 있지만 아직 접하지 못한 한국 독자들을 위해 그 개념에 대해 설명해달라. 또한 근대사회를 이해하기 위해 그 개념은 왜 필요한가?

바우만 — 나는 오늘날 인간의 조건을 표현하는 적절한 용어로 '액체 근대성'을 이야기했는데, 액체가 가지고 있는 속성 중 하나가 '고체'에서 바뀌는 것이기 때문이다. 액체는 자신의 형체를 오랫동안 보전하지 못한다. 아주 약한 힘에도 액체는 금방 바뀐다. 액체화라고 할 수 있는 고체의 '용해'는 모든 근대성을 규정하는 항구적인, 아마도 결정적인 속성일 것이다. 그러나 최초의 단계에서 근대성은 이전 시대에서 물려받은 구조와 제도를 녹이는 것으로부터 시작한다. 이런 측면에서 근대성은 최초의 '고체' 단계에서 충분히 고체화하지 않기 때문에 이런 덜 고체적인 고체성을 새로운 것, 훨씬 잘 기획되고 구성된, 변화하지 않고 인간의 통제가 항구적으로 통할 수 있고 예측할 수 있으며 수정 가능한 것으로 바꾸고자 한다. 그럼에도 우리가 지금 살고 있는 '액체 근대'의 시기는 '고체성' 자체가 불리한 것처럼 보이면서 경험되고 있기 때문에 고체의 구조와 제도는 용해되어버린다. 유동성, 변화무쌍함, 유연성이라는 속성들이 바람직한 사물의 자질로 받아들여진다. 모든 선택 가능성을 열어두는 것, 미래를 저당 잡히는 것이 아니라 변화를 위한 변화를 추구하는 것, 지속적으로 움직이고 멈추지 않는 것, 이런 개념들이야말로 액체 근대적인 삶의 양식을 규정하는 것이다.

이택광 ― 최근 삶의 화두는 당연히 소비주의의 문제일 것이다. 한국 사회에서도 예외는 아니다. 한국 사회도 본격적으로 소비사회로 진입하면서 다양한 삶의 양식이 변화하고 있다. 이 문제에 대한 지적들을 당신은 이미 관심을 가지고 제기했던 적이 있다. 당신은 최근 『소비하는 삶』*과 『액체 근대세계의 문화』**에서 특히나 소비와 소비주의의 문제에 초점을 맞추고 있는 것처럼 보인다. 이런 논의에서 당신은 소비와 소비주의를 구분하고 있다. 왜 이런 식으로 소비를 소비주의와 구분해야 하는가?

바우만 — 살아 있는 모든 유기체는 그들의 환경과 신진대사적인 관계를 맺고 있다. 모든 유기체는 살아남기 위해 소비해야 한다. 소비에 대한 이런 관점은 자연적이고 항구적인 생명의 속성에 대한 새로울 것 없는 관찰의 결과다. 그러나 소비주의는 역사적인 현상이다. 특정한 문화가 수없이 탄생했고 지금 현재에도 한 곳에서 다른 지역을 점유하면서 퍼져나가고 있다. '소비주의'라는 용어는 무엇보다도 소비의 행위를 어마어마하게 의제를 설정하고 패턴을 결정하는 수준까지 올려놓고 있다. 말하자면 상품-고객의 관계라는 패턴을 인간 사이의 관계뿐 아니라 세계에 대한 인간의 관계까지도 주형해내고 있는 것이다. [소비주의의 관점에서 본다면] 세계는 잠재적인 소비 대상을 보관하고 있는 거대한 저장소처럼 보인다. 쾌락-만족-능력이라는 관계 설정은 사물의 효용성을 위한 유일한 척도다. 우

<hr>

*　Zygmunt Bauman, *Consuming Life*, Polity, 2007.
**　Zygmunt Bauman, *Culture in a Liquid Modern World*, Polity, 2011.

리는 취득한 소비의 대상에 충성을 맹세하지 않는다. 쾌락-용량이 모두 소진되거나 시장에 나타난 다른 대상보다 쾌락의 가능성이 떨어지는 순간 아무런 양심의 가책도 없이 그 소비의 대상을 폐기해버린다. '소비주의'라는 개념은 협소한 전통적인 개념에 갇힌 소비를 지칭하는 것이 아니다. 오늘날 소비시장과 쇼핑객들에게 제공되기 위해서 발전한 태도와 전략에 물들고 침윤되어 있는 우리 삶의 양식을 형성하는 총체성을 의미한다.

이택광 — 당신은 소비주의라는 것이 아이러니한 측면을 갖는다고 주장했다. 이런 의미에서 당신은 근대의 주체성을 소비자로 규정했다. 아이러니한 소비주체인 셈인데, 자본주의에서 소비주의적인 주체성에 대한 대안은 있다고 생각하는가?

바우만 — 자본주의의 논리는 지배적인 것을 바꾸는 것은 고사하고 광범위하게 적응해버린 주체성이 다른 대안을 가질 수 있는 가능성도 효과적으로 소멸시켰다. 물론 이 소멸이 폐기를 의미하는 것은 아니지만 말이다. 자본주의 시장은 소비주의적인 다양성에서 위험으로부터 자유로운 행복의 추구, 쉽게 조종할 수 있고 통제하고 개인적인 의지와 욕망에 복종할 수 있는, 삶의 광경을 만들어내는 살아 있거나 그렇지 않은 요소들을 만들어낼 수 있다는 약속에 신용을 건다. 시장은 과거에 한 번도 시도하지 않았기 때문에 참으로 매력적이고 유혹적이며 신선한 것을 약속하기도 하지만 훨씬 편리하고 덜 수고스러운 것을 약속한다. 시장에 던져지는 새로운 장치들은 훨씬 편안한 삶과 훨씬 자기만족적인 삶을 자아에게 약속한다. 그것들은 너무도 복잡하고 힘든 작업을 요구하며 위험으로 가득 차 있었던 임무들을 쉽게 끝내거나 안전하게 해치울 수 있다고 달래는 마음으로 약속한다. 예를 들어 인간관계가 맺어졌다가 깨지는 경우, 기대를 충족시키지 못하거나 아니면 몇 가지 이유로 너무 과중하거나 따분한 경험을 하게 된다. 그러나 인터넷 같은 전자매체로 중재되는 온라인에서 이런 일이 일어난다면 참으로 쉽고 문제도 없이 재빨리 만족스러운 결과를 얻어 장기적 목적을 금방 달성할 수 있을 것이다. 이런 것들이야갈로 거부하기는커녕 정말로 유혹적인 제언이며 극도로 저항하기 어려운 장점이다. 따라서 '대안적 주체성'이 가능하다면 그것은 훨씬 덜 편안하고 훨씬 더 위험하고 지루하기 십상일 것이다. 이런 생각들은 오랫동안 무가치한 것으로 방치되고 관심도 받지 못하고 망각되었다. [대안적 주체성을 추구하기 위해] 능력과 천재성을 최대한 발휘하면서 우리는 재미를 느끼지 못했다. 압도적으로 복잡한 문제를 해결하거나, 또는 '오프라인'의 즐거움을 지키는

   지그문트 바우만: '2012년 현상'을 기억하라!

것은 이제 낡아빠진 것으로 간주되거나 방기되고 있다. 인간의 연대가 제공하는 경이와 도전, 그리고 상호협력과 우애로 가득한 그 세계는 이제 사라졌다. 물론 그렇다고 선택할 수 있는 것이 없고, 삶의 양식에 대한 우리의 선택이 완전히 종결된 것은 아니다. 다른 여러 가능성이 있겠지만 아직 등장하지 않았다고 말해야 할 것이다.

이택광 — 소비주의의 아이러니가 2011년에 일어난 영국 폭동의 원인이었던 것 아닌가?

바우만 — 영국 폭동은 좌절한 소비자의 반란이었다고 할 수 있다. 그 반란은 실업과 같은 처지의 전락에서 발생한 분노와 실망의 표출이었다. 자신들은 가진 것이 없는데 눈앞에서 화려한 소비의 향연이 펼쳐지고 있다는 사실에 참을 수가 없었던 것이다. 런던 폭동 가담자들은 소비자가 되고 싶어 했지만 소비주의의 즐거움은 이들의 것이 아니었다. 소비주의가 세상을 지배하는 거대한 패러다임인 까닭에 이 즐거움을 누리지 못하면 인간으로서 자기 존립을 할 수 없는 지경인 것이다. 런던 폭동 같은 사건은 소비주의로부터 추방당하는 순간 소비자는 부랑자에 지나지 않으며, 거기에 저항하는 것도 결국 소비주의의 한계 내에서 일어나는 카니발에 불과하다는 사실을 보여준다. 소비주의는 우리의 선택을 제한하고 그것에 대한 책임을 회피하게 만든다. 소비의 대상은 얼마든지 교체가능하다. 그것을 제대로 교체하지 못하면 능력을 갖지 못한 존재다. 이 말은 곧 소비를 제대로 못하면 능력 없는 자로 낙인찍힌다는 것이다. 신용카드나 백화점 우대권은 이런 능력을 과시하게 만드는 상징이다. 당연히 이 상징의 소유에서 배제된 자들은 분노하거나 실망할 수밖에 없다. 마치 선택권조차 주어지지 않은 것처럼 받아들이게 되는 것이다.

이택광 — 최근 당신이 쓴『고독을 잃어버린 시간』*이 한국에서 베스트셀러가 되었다. 이 책은 당신이 지금까지 출간한 학술적인 단행본과 다른 것처럼 보인다. 이 책을 쓴 목적은 무엇인가?

바우만 — 나는 이 책에서 몇 가지 이유를 설명하고자 했다. 한 번에 끝나는 1년 정도 걸리는 실험을 했고, 그 결과물이 이 책이다. 특별한 계획이나 기획 없이, 그리고 내가 무엇을 논의하

---

* 지그문트 바우만,『고독을 잃어버린 시간』, 조은평·강지은 옮김, 동녘, 2012. 원제는 '액체 근대 세계에서 보낸 44편의 편지'(*44 Letters from the Liquid Modern World*).

 지그문트 바우만: '2012년 현상'을 기억하라!

겠다는 논제에 대한 일람표도 만들지 않고 실험을 시작했다. 사건에 대한 내 반응을 기록하고자 했고, 사건들이 부각되었다가 사라지는 발전의 과정을 지켜보고자 했다. 그 사건들을 요약하고 의미를 이해하고자 했으며, 그것들이 전달하는 메시지를 읽고 흐르는 '사물의 질서'에서 장소들을 발견하고자 했다. 200년 전에 살았던 영국 시인 윌리엄 블레이크의 처방이기도 한 '작은 모래알에서 우주를 보라'는 말을 실천하고자 했던 것이다. 사소한 것에서 우리 시대의 본성을 연역하는 것은 1년 동안 일어난 사건의 연대기를 파악하는 것이기도 하다. 그것이 바로 그 사소한 것에 남겨진 총체성의 성격이다. 때때로 참으로 사소하고 겉으로 무의미한 것처럼 보이는 파편들일지라도.

이택광 — 이미 당신은 한국의 인터넷 문화에 대한 여러 논평들을 남기고 있다. 『소비하는 삶』에서 당신은 한국의 싸이월드와 온라인 쇼핑몰 문화에 대해 언급하면서 한국 사회에서 일어나고 있는 일상의 변화를 분석했다. 당신이 그 논의에서 지적한 문제들은 시간이 지날수록 더 확산되고 심각해졌다. SNS가 모든 공공영역을 지배하고 있는 모습만 보더라도 그 사실을 알 수가 있다. 이런 현상에 대해 어떻게 생각하는가? 그리고 한국 독자들에게 이런 전환의 국면에서 맞이하게 될 삶의 위기에 대해 어떤 조언을 해줄 수 있는가?

바우만 — 내가 한국 독자들에게 해줄 수 있는 유일한 조언은 자신의 삶에서 이루어지는 선택에 대해 자신이 책임을 질 수밖에 없다는 것이다. 자신의 선택에 대해 당신이 인지하고 있든 그렇지 않든, 또는 좋아하든 좋아하지 않든 책임을 지는 것은 필연이다. 설령 책임지는 것을 거부하더라도 책임은 언제나 강렬하게 남아 있을 것이다. 달리 말해 당신의 선택의 결과를 주의 깊게 고려하고 당신 자신과 당신 주변에 있는 다른 사람들, 그리고 얻는 것과 잃는 것을 면밀하게 따져본 뒤에 선택을 하라는 것이다. 그 선택이 무엇인지, 또한 그 선택이 초래할 문제들에 대해 최대한 파악하고자 노력해야 할 것이다. 그것이 어려울지라도 그 노력을 통해 선택의 결과를 평가하고 추후에 다른 선택을 할 수도 있지 않을까.

 지그문트 바우만: '2012년 현상'을 기억하라!

가야트리 스피박
Gayatri Chakravorty Spivak

정치적 행위자를 길러내는 교육

"인터넷을 총체성과 혼동하지 말아야 한다. SNS는 해악이 가지 않는 선에서 인상적인 속도를 발휘할 수 있다. 이런 까닭에 이 기술에 따른 결과는 독이면서도 약이다."

이택광 — 최근에 관심을 가지고 있는 사항이 무엇인가? 특히 정치와 관련해서 어떤 관심을 가지고 있는가?

스피박 — 내가 관심을 가진 정치는 언제나 같다. 43년간 인문학 교수로 재직하면서 나는 학생들 교육에 신경을 쓰는데, 특히 민주주의적인 직관을 배양하는 것에 관심을 가지고 있다. 이것이야말로 교육자의 길을 걷는 내내 내가 주력했던 일이다.

이택광 — 그 학생들에 대한 교육이 서발턴subaltern*에 대한 관심과 어떤 관계를 갖는가? 그 학생들이 서발턴이라고 생각하는가?

---

* 서발턴이란 지배계층의 헤게모니에 종속되거나 그 헤게모니를 획득할 수 있는 권한을 박탈당한 그룹을 의미한다. 노동자, 농민, 여성, 피식민지인 등 주변부에 존재하는 부류들이다.

 가야트리 스피박: 정치적 행위자를 길러내는 교육

스피박 — 그들이 서발턴이라서 교육을 시키는 것은 아니다. 컬럼비아대학교를 다닐 정도면 서발턴이라기보다 엘리트라고 할 수 있다. 학생인 이상 서발턴이든 엘리트든 가리지 않고 교육자라면 교육을 시킬 수밖에 없다. 여기에서 엘리트라는 것은 생각을 크게 바꿀 수 있다는 점에서 그렇다. 나는 학생들의 경우 특별하게 서발턴과 엘리트를 구분해서 교육하지 않는다. 사회정의를 보전하는 문제는 서발턴이나 엘리트 모두에게 해당되는 것이기 때문이다.

이택광 — 2009년 〈래디컬 필로소피〉가 주관한 소셜포럼에서 당신은 에티엔 발리바르와 정치적 행위자에 대한 대화를 나눈 적이 있다.

스피박 — 내 작업에서 주체와 행위자를 구분해서 논하는 경우는 많았다. 주체는 훨씬 광범위한 의미로 쓰일 수 있다. 라캉을 적용해서 말하자면 그렇다. 주체는 욕망의 변증법 덕분에 때때로 전복적이기도 하다. 주체가 정치적으로 행동할 때 이성을 생산한다. 이런 이성은 명확한 삼단논법을 따르게 마련이다. 이때가 바로 민주주의에 대한 직관이 작동하는 순간이다. 매우 간단한 주장이다. 주체는 넓은 개념이고 정치적 행위자는 좁은 개념이다.

이택광 — 그렇다면 작년에 일어난 월스트리트 점령 운동은 어떻게 이해할 수 있겠는가?

스피박 — 정치적 운동은 정치적 행위자와 관련해서 일어나게 마련이다. 이성적이라는 말이다. 내 임무는 이런 정치적 행위자가 어떻게 주체와 서로 엮여 있는지를 확인하는 것이다. 왜냐하면 앞서 말했듯이 이 지점에서야말로 욕망의 변증법이 작동하기 때문이다. 이런 생각은 아주 일반적인 것으로 모든 정치운동에 적용될 수 있다. '점령하라'의 경우도 마찬가지다. 주체와 정치적 행위자라는 점에서 이 운동을 볼 수 있는 것이다.

이택광 — 당신은 들뢰즈나 푸코를 비서구적인 정치행위자에 주목한 철학자라고 말했다. 이런 관점에서 비서구적인 정치행위자를 규정하거나 생산할 수 있을까?

스피박 — 정치적 행위자라는 것은 아주 오랜 교육과정을 통해 출현하는 것이다. 그렇기 때문에 서두를 필요가 없다. 아주 심도 깊고 지속적인 교육과정을 수립해서 정치적 행위자를 길러내는 것이다. 정치적 행위자가 이성의 문제기 때문에 그렇다.

이택광 — 그런 배경을 가져야 정치적 행위자가 만들어질 수 있다는 말처럼 들린다. 장기적 계획이라는 말이다. 그렇다면 교육과 세상을 바꾸는 장기적 계획이 필요하다는 말인가?

스피박 — 그것은 세상을 바꾸는 문제가 아니다. 교육으로 세상을 바꿀 수 있다는 생각은 순진하다. 욕망을 재배치하는 것이 교육의 목적이다. 모든 교육은 억압을 없애는 문제다. 욕망을 자유롭게 하는 것이 교육이다. 이런 교육의 목적과 실제로 현실에서 일어나는 일 사이에 괴리가 있다. 이런 까닭에 교육은 강제적이지 않아야 한다. 그러므로 교육은 세상을 바꾸는 계획과 다른 것이다.

이택광 — 그 세상을 바꾸는 문제와 관련해서 말하자면 요즘 많은 이들이 자본주의의 위기에 대해 말하고 있다. 이 위기의 본질은 무엇이고 해결책을 어떻게 만들어낼 수 있다고 보는가?

스피박 — 이 위기는 전적으로 탈규제적인 금융자본주의 때문에 초래된 것이다. 전 세계적인 상품교환이라는 전무후무한 조

건도 이를 촉진했다. 미국의 경우 이런 문제점은 과거 뉴딜정
책이 시작되던 1920년대에서 1930년대부터 잠재해 있었다. 지
금 우리가 해야 할 것은 은행 같은 금융자본에 대한 규제를 재
구성하는 일이다. 물론 이런 해결책은 단기적인 것이다. 이것
만 해도 무척 많다. 또한 이것은 전체 시스템을 바꾸는 장기적
계획과 다르다. 지금 세계는 시스템 전환의 시기에 와 있는 것
같다. 자본과 자본주의는 다른 것인데, 국경이라는 장벽은 점
점 무너지고 민족자본은 국제자본이 되었다. 세계자본주의를
관리하는 문제는 이런 교환의 문제에 대한 재고를 전제한다.
국가기능의 재분배와 헌법상 권리는 무의미해졌다. 이걸 신자
유주의라고 부를 수 있겠다. 우리는 이런 문제를 어떻게 바로
잡을 것인지 세계적으로 규제를 어떻게 재수립할 것인지 고민
해야 한다. 이 문제는 사회적 정의와 관련한 것이기도 하다.

이택광 — 2011년에 〈타임〉지는 커버 인물로 시위자를 뽑았다.
이를 통해 알 수 있듯이 많은 이들이 거리로 뛰쳐나와서 자기
표현을 했다. 많은 지식인이 이를 설명하려고 했다. 예를 들어
지그문트 바우만은 런던 폭동을 일컬어 '좌절한 소비자의 저
항'으로 이해했다. 왜 이런 일이 발생한다고 보는가?

스피박 — 1970년대에 미국의 경우 사회복지국가의 틀이 모두 깨졌다. 레이건 행정부 시절에 집중적으로 이런 파괴행위가 일어났다. 물론 전 세계적으로 상황은 비슷했다. 이들은 장벽을 없앤다는 명분으로 모든 규제를 풀어버렸다. 이로써 팍팍한 대중의 삶은 가중되었다. 아랍 혁명과 인디아의 시민운동이 같은 범주로 묶일 수는 없다. 이런 다양한 사람들이 이집트나 튀니지에서 일어난 상황에 고무되기도 했지만 이들이 일관된 흐름을 가졌다고 보기 어렵다. 이 현상은 확실히 스펙터클하지만 미국의 경우 많은 시민이 서발턴화되었고 국가의 복지제도에 접근할 수 없는 배제된 자들로 전락했다. 굳이 좌절한 소비자라고 부르지 않더라도 이런 움직임이 사회정의 실현이라는 거창한 목표를 가진 것처럼 보이지는 않는다. 오히려 자기이해관계에 충실한 운동처럼 느껴진다. 소비자라기보다 서발턴화된 시민이라는 생각이다.

이택광 — 이런 걸 자기이해관계에 근거한 자기조직화라 한다면 지젝이 지적하듯이 이런 운동 자체는 아무런 성과를 낼 수가 없다. 지젝이 상정하는 것처럼 과거 레닌의 당 같은 것이 있어야 하는 것 아닌가? 대중을 그냥 두는 것이 아니라 조직화해야 한다는 것이다.

스피박 — 누가 대중을 조직화한다는 말인가? 우리가 물어야 할 것은 이 질문이다. 레닌은 혁명적 지식인이 아니었다. 거기에 모인 이들은 결코 교육받지 못한 사람들이 아니다. 이들은 누구보다도 교육을 잘 받았다. '점령하라'는 군중이 일으킨 사건이 아니다. 그들은 군중이 아니다. 지젝이 살고 있는 슬로베니아처럼 조직적으로 군중운동이 일어날 수 있는 게 아니다. 미국처럼 복잡하면 소용없다.

이택광 — 지젝은 현실사회주의 국가에서 겪은 경험을 토대로 의견을 개진한다고 본다. 당에 대한 견해도 이런 것이라고 본다. 꼭 교육을 받은 사람들 중심이라기보다 운동을 조직할 이론적인 준비 같은 게 있어야 한다는 것 아닐까?

스피박 — 지금 우리가 사는 세계는 금융자본주의 사회가 한쪽에 있고 대중운동이 다른 한쪽에 있다. 레닌은 이 둘을 잘 알고 있었다. 레닌이 대중과 전위정당을 이야기했을 때는 이런 전제가 깔려 있었다. 레닌이 살던 시절은 강력한 제국주의 시대기도 했다. 그래서 레닌은 노동력에 초점을 맞춘 사회주의를 건설했고, 상품교환 문제는 소홀했다. 지금 상황과 많이 다르다. 레닌주의에서 중요했던 노동의 문제는 이제 모순의 중심이 아니다. 중심이 없다는 것이 오늘날 운동의 특징이다. 지금 이런 모델을 도입할 수는 없다. 노동자를 조직한다고 금융자본주의의 모순을 극복할 수 있는 것이 아니다. 해방의 운동은 좀 더 복잡한 과정을 가진다.

이택광 — SNS와 같은 신기술이 사회운동과 어떤 관계가 있다고 보는가?

스피박 — 한 마디로 아무것도 아니다. 기술은 독립적인 것이 아니다. 누가 그걸 이용하는가, 그게 관건이다. 바로 정치적 행위자와 주체가 이것을 조작한다. 때로 이유 없는 활동을 하기도 하지만 이들은 세계화되어 있기에 이런 기술을 이용한다. 그러나 인터넷을 사용하지 않는 사람들이 지구상에 더 많다. 인터넷을 총체성과 혼동하지 말아야 한다. SNS는 해악이 가지 않는 선에서 인상적인 속도를 발휘할 수 있다. 이런 까닭에 이 기술에 따른 결과는 독이면서도 약이다. 그래서 조심스럽게 사용해야 한다고 본다.

이택광 — 기술에 대한 경계는 경험주의가 곧바로 정치화할 수 없다는 평소 주장과 관계가 있나?

스피박 — 일상의 경험은 매우 중요하다. 경험에는 잘못된 것이 없다. 잘 훈련된 지성은 경험을 토대로 추상적인 것을 만들어 낸다. 독자의 입장에서 경험의 텍스트를 읽는 것이다. 내가 보기에 아무런 문제가 없다. 문제는 트레이닝이다. 자기 트레이닝이든 무엇이든 끝없이 경험을 해석하는 것이 정치적 행위자를 만들어낸다.

이택광 — 그렇기 때문에 누군가 방향성을 제시해야 하는 것 같다. 대중도 그걸 원하는 것 같다. 목적이 있어야 한다는 것이다.

스피박 — 내가 하는 말은 단기적 처방이 아니다. 장기적인 문제를 포괄한다. 실천적인 의미에서 인간의 삶을 바꾼다는 것은 불가능하다. 대중은 서로 다른 상황에 놓여 있다. 항상 리얼리티 체크가 있는 것이다. 세대별로 사회정의에 대한 견해가 다르다. 이 모든 것을 감안해서 교육에 대해 말하는 것이 내 입장이다. 나는 유토피아적인 이야기를 하는 게 아니다. 항상 사회 정의를 실현하는 것은 발전적이다.

이택광 — 일상을 긍정하자는 것인가?

   가야트리 스피박: 정치적 행위자를 길러내는 교육

스피박 — 당연히 그래야 한다. 경험은 분수와 같은 것이다. 경험을 읽는 능력이 매우 유용하다. 정치적 행위자로 행동하는 것은 모두 이런 능력에서 발현된다. 내가 탈식민주의를 바라보는 관점은 누가 이것을 하며, 왜 이것을 해야 하는지에 대한 것이다.

이택광 — 그 능력에 윤리적 기준이 작용하는 것 같다. 세상을 바꾸기 위해서 이런 기준이 바뀌어야 하는 것 아닌가?

스피박 — 세상을 반드시 바꾸어야 한다는 법칙이 있나? 세상은 바뀌는 것이다. 윤리적 사고라는 건 이런 것과 다르다. 윤리라는 것은 도덕적으로 만족하는 상황과 헷갈리게 마련이다. 윤리적 차원이라는 것은 의미를 찾기 어렵다. 사람들은 결코 단일하지 않다. 지배적 담론이 있더라도 사람들마다 그것이 작동하는 방식이 다르다. 지배적 담론에 따라 사람들이 움직인다는 것은 무의미하다. 구체적인 차원에서 이들은 움직인다.

이택광 — 헤겔의 입장에서 말하는 구체적인 것이 당신이 전제하는 것인가?

스피박 ― 대중이 구체적이기만 한 건 아니다. 추상적이기도 하다. 구체적인 것은 추상적인 방식으로 읽힌다. 따라서 대중이 구체적이기만 할 것이라는 생각은 금물이다. 경험과 추상을 구분하긴 어렵다. 내가 초점을 맞추는 것은 정의라는 것 자체다.

이택광 ― 이제 자신의 저작이나 작업에 대해 잘 모르는 한국 독자를 위한 질문을 해보겠다. 당신은 탈식민주의 이론가 또는 젠더 이론가라고 불리는데, 왜 이런 것에 관심을 가지는가?

스피박 ― 나는 의식적으로 탈식민주의라는 주제를 정한 것이 아니다. 나에게 정치는 윤리적이라기보다 젠더적이다. 왜냐하면 젠더는 거기에 중요한 문제로 있기 때문이다. 젠더가 거기 있었기 때문에 내가 연구한 것이다. 모든 인간은 추상화 능력을 가지고 있다. 이 능력 덕분에 인간은 사회정의에 대한 추상화된 생각을 가질 수 있다. 이것이 바로 젠더의 문제다. 다음 문제는 남아와 여아가 태어나서 상징적인 아버지를 가지고 어떤 것이 좋고 어떤 것이 나쁘다는 윤리를 획득하는 과정에서 젠더가 작동한다는 것이다. 물론 내가 젠더 문제에만 집착하는 것은 아니다. 나는 경험을 읽는다는 차원에서 나에게 먼저 존재했던 것을 발견했을 뿐이다.

이택광 — 이론적으로 본다면 당신은 해체주의에서 영향을 받았다. 데리다의 『그라마톨로지에 대하여』*를 영역해서 유명해졌다. 당신을 해체주의적 마르크스주의자 또는 페미니스트라고 부르는데…….

스피박 — 콜린 맥케이브Colin McCabe의 규정인데, 전혀 동의하지 않는다. 나는 그런 종류의 이론가가 아니다. 나는 문화를 읽는 이론가라고 불러주는 것이 타당하다.

이택광 — 최근 작업은 무엇인가?

스피박 — 아프리카에 대한 관심이다. 아프리카는 너무 일반화되어 있다. 비교문학자로서 이 문제는 중요하다. 아프리카 상황은 상당히 흥미롭다. 컬럼비아대학교의 글로벌센터가 아프리카와 관계가 있다. 깨끗한 물과 에이즈 문제, 그리고 아프리카에 지적인 교육을 제공하는 것들에 대해 관심이 많다.

이택광 — 중국의 부상에 대해 어떻게 생각하나?

* 자크 데리다, 『그라마톨로지에 대하여』, 김웅권 옮김, 동문선, 2004.

스피박 — 중국에서 일어나고 있는 일은 단순한 경제적 발전에 대한 요구만은 아니라고 생각한다. 경제가 발전할수록 구성원들은 점점 그것이 초래하는 모순에 대해 비판적이게 마련이다. 이런 관점에서 중국의 역할에 주목할 필요가 있다.

이택광 — 당신은 지젝 못지않게 한국에서 인기 있는 이론가 중 한 명이다. 한국 독자에게 전하고 싶은 말은 무엇인가?

스피박 — 한국 독자들이 나를 좋게 봐줘서 영광이라고 생각한다. 내 작업은 독자에 따라 다르게 받아들여질 것이다. 내가 처음 탈식민주의에 대해 쓰기 시작했을 때 나는 내가 무엇을 하는지 몰랐다. 사람들이 나에게 탈식민주의 비평가라고 불렀을 때는 상당히 비판적이었다. 나는 탈식민주의를 탐구하기는 하지만 일반적인 탈식민주의 연구자와 다른 관점에서 연구한다. 내가 탈식민주의를 바라보는 관점은 누가 이것을 하며 왜 이것을 해야 하는지에 대한 것이다. 내가 하는 작업은 문화정치학이다. 탈식민주의가 아니다.

  가야트리 스피박: 정치적 행위자를 길러내는 교육

피터 싱어

Peter Singer

다원주의와 윤리적 삶

"호혜적인 관계를 위해 협동하고 사회 전체를 위한 최선
을 추구해야 하며, 인간 본성과 조화를 이룬 정치체제가
필요하다."

이택광 — 당신은 인간과 동물의 관계에 대한 쟁점들을 제기해 왔다. 왜 이런 문제의식을 느끼게 되었는지 일반 독자들에게 설명해줄 수 있는가?

싱어 — 내 책을 읽은 많은 독자들은 내가 '동물애호가'라서 동물을 어떻게 대해야 하는지에 대한 문제를 다룬다고 생각한다. 그러나 나는 '동물애호가'가 아니다. 나는 개나 고양이 같은 반려동물을 기르지 않는다. 이에 대한 관심은 내가 철학과 학생이었을 때 갖게 된 것이다. 그때 한 동급생이 나에게 인간이 동물을 대하는 방식의 부당성에 대해 문제를 제기했다. 처음에 나는 별스럽지 않게 생각했지만 시간이 지날수록 호락호락한 문제가 아니라는 사실을 깨닫게 되었다 실제로 이 문제를 해결하기가 불가능하다는 생각에 도달하게 되었다. 그래서 나는

인간이 다른 동물을 다루는 방식이 근본적으로 잘못되었고 정
말 부당하며 지각 있는 존재에게 불필요한 고통을 엄청나게 야
기한다고 판단했다. 나는 이 상황을 바꾸기를 원하는 것이다.

이택광 — 당신은 동물과 인간의 평등을 주장하는 것인가? 인간
은 만물의 영장이라는 편견을 가진 일반 독자들에게 이런 주장
은 쉽게 설득력을 갖지 못할 것 같다.

싱어 — 동물과 인간의 평등을 주장하는 것이 아니다. 근본적
인 '권리들'에 대한 주장을 했다고 생각하지 않는다. 내가 주장
하는 것은 인간에 대해서보다 다른 동물에게 관심을 덜 기울여
야 할 하등의 이유가 없다는 것이다. 어떤 종에 속하기 때문에
차별 받거나 폄훼될 수 없다는 것이 요지다. 인종주의나 성차
별주의에 비견해서 이런 것도 '종차별주의'라고 불러야 한다는
것이 내 생각이다. 우리 대부분이 다른 동물을 먹는 습관을 가
졌고, 이 때문에 다른 동물을 차별할 수 있다는 생각을 정당화
하는 것도 사실이다. 나는 글쓰기와 강연, 인터뷰를 통해 이런
관점을 바꿔야 한다고 설득하는 중이다. 채식주의자가 되게 한
다거나 건강을 위해서 다른 동물을 먹을 필요가 없다는 사실을
주지시키는 것도 이런 설득의 방법 중 하나다. 훨씬 더 많은 사

람들이 마음을 바꾸어야 하는 것이다.

이택광 — 『다윈주의 좌파』*에서 당신은 마르크스를 다윈으로 대체해야 한다고 말했다. 오늘날 이 사회를 이해하기 위해 마르크스가 더 이상 유용하지 않다는 말인가? 그 이유는 무엇인가?

싱어 — 마르크스는 많은 문제에 대해 실수를 했다. 그 중에서도 제일 중요한 것은 수백만 년 동안 이루어진 진화의 과정에서 형성된 인간 본성을 가볍게 보았다. 그는 인간 본성이 사회의 경제구조를 바꾸면 변할 수 있을 것이라고 생각했다. 이것이 잘못된 생각이다. 물론 이 말은 마르크스가 오늘날 우리 사회를 이해하기에 유용한 통찰을 결여하고 있다는 뜻이 아니다. 경제요소가 이념에 영향을 미친다거나 화폐의 사용이 인간관계에서 소외효과를 만들어낸다는 몇몇 생각은 여전히 유효하다. 그러나 철학적 체계나 정치적 프로그램으로서 마르크스주의는 더 이상 의미가 없다는 생각이다.

이택광 — 당신은 다윈주의가 좌파적 이념을 세련되게 만들 수

* 피터 싱어, 『다윈주의 좌파』, 최정규 옮김, 이음, 2011.

 피터 싱어: 다윈주의와 윤리적 삶

있다는 의견을 피력했다. "우리는 진화한 동물이다" 같은 발언과 정치적인 문제는 어떻게 연결될 수 있는가? 다원주의적 의미에서 정치는 무엇인가?

싱어 — 우리는 인간 본성과 조화를 이룰 수 있는 정치체제를 고안할 필요가 있다. 그러나 동시에 사람들이 자신들과 사회 전체를 위해 최선을 다할 수 있는 방식을 추구할 기회를 더욱 진작시키기 위해 인간 본성에 대한 이해를 활용해야 한다. 예를 들어 이런 과정은 건설적인 협동의 기회를 제공하는 것과 관련이 있을 것이다. 진화된 인간 본성 중 하나가 바로 호혜적인 관계를 위해 기꺼이 서로 협동하는 것이기 때문이다.

이택광 — 일반적인 관점에서 사회라는 것은 문화적으로 구성된 것이지 생물학적으로 만들어진 것이 아니다. 이렇게 일반적으로 받아들여지고 있는 통념을 당신은 비판하면서 다원주의를 통해 발견된 자연적인 증거, 예를 들자면 위계, 남성지배, 성역할 따위에 대한 이해를 사회활동에 적용하자고 주장한다. 그렇다면 과연 당신은 다윈주의가 어떤 정치적 기획을 우리에게 제공할 수 있다고 생각하는가? 더 나은 사회를 위해 다윈주의를 사용한다는 것이 가능한 일인가?

싱어 — 아니다. 진화에 대한 다윈의 이론은 정치적인 기획을 만들어내지 못한다. 다윈의 이론은 순수하게 기술적descriptive인 것이다. 이 이론은 우리가 어디에서 왔고 무엇과 닮았는지를 기술해줄 뿐이다. 이런 사실로부터 어떤 가치를 도출한다는 것은 잘못된 것이다. 우리는 먼저 무엇이 사회를 개선할 수 있을지 결정해야 한다. 내가 보기에 만일 사람과 동물이 더 행복하고 덜 고통스럽게 살 수 있게 된다면 그것이 바로 더 나은 사회일 것이다. 이에 대한 바람직한 결론을 이끌어내기 위한 방법을 고안하기 위해 우리는 인간의 본성에 대한 지식을 이용할 수 있을 것이다.

이택광 — 오늘날 우리가 가장 시급하게 해결해야 할 일이 무엇인가?

싱어 — 기후변화가 가장 시급한 현안이다 온실효과 가스를 막지 못한다면 수 세기 뒤에 우리는 기후에 엄청난 피해를 초래할 것이다. 수십억에 달하는 사람들이 기후변화와 해수면 상승 때문에 난민이 될 수도 있다.

이택광 — 이런 문제와 별개로 당신이 제시한 다원주의적 좌파에서 경제적인 측면은 없는가? 말하자면 자본주의의 위기 같은 문제에 대한 대답은?

싱어 ― 다원주의가 그런 문제에 대해 어떤 대답을 내놓을 수 있다고 생각하지 않는다. 단기 처방을 다원주의에 기대할 수 없다.

이택광 ― 그렇다면 개인적으로 자본주의가 더 나은 체제로 대체될 수 있다고 생각하는가?

싱어 ― 나는 그 어떤 체제도 자본주의만큼 생산적일 것이라고 생각하지 않는다. 그러나 나는 순전히 자본주의 때문에 빚어지는 끔찍한 결과들이 감소되기를 원한다. 부를 활용함으로써 자본주의는 생계를 이어가기 어려운 이들에게 강력한 사회안전망을 제공해야 할 것이다. 그리고 나는 개인적 이타주의에 초점을 맞추고 싶다. 말하자면 윤리적 삶을 강조해야 한다. 만일 당신이 충분히 편안하다면 당신의 부를 타인과 나누어서 어떤 이들도 극도의 빈곤 속에서 살아가지 않도록 만들어야 할 의무가 있다는 사실을 거듭 각인시켜야 한다.

이택광 ― 당신은 '가장 영향력 있는 생존 철학자'라는 평과 동시에 '세상에서 가장 위험한 사람'이라는 평을 동시에 듣고 있다. 이런 모순적인 평가에 대해 어떻게 생각하는가?

싱어 — 내가 정말 그렇게 영향력 있는 철학자라면 다른 살아 있는 철학자들도 마찬가지일 것이다. 내가 미치는 영향력은 제한적일 수밖에 없다. 내가 위험한 사람이라는 말은 부조리하다고 생각한다. 사람들에게 합리적인 가치를 추구하도록 요청하는 철학자가 그렇게 위험한 인물이라는 말인가?

이택광 — 당신은 공리주의 철학자기도 하다. 하지만 어떤 점에서 보면 평등주의자처럼 보인다. 특히 사회 빈곤문제에 대한 태도를 보면 그렇다. 평등주의에 동의하기는 쉽지만 실현하는 것은 다른 문제다. 이에 대해 어떻게 생각하는가?

싱어 — 나는 공리주의자다. 급진적인 평등주의자는 차치하고 평범한 평등주의자도 아니다. 나는 평등이라는 것이 저절로 얻어지는 가치라고 생각하지 않는다. 100달러의 가치라는 것은 1년에 5만 달러를 버는 사람과 1년에 500달러를 버는 사람에게 결코 같을 수가 없다. 500달러를 버는 사람에게 100달러의 가치라는 것은 5만 달러를 버는 사람보다 훨씬 클 것이다. 이런

    피터 싱어: 다원주의와 윤리적 삶

의미에서 나는 부유한 사람의 부 상당량이 가난한 사람에게 재분배되어야 한다고 생각한다. 그러나 인간 본성에 대한 이해가 말해주듯이 이타주의는 가난한 사람을 돕게 만드는 동기로 충분하지 않다. 이런 까닭에 정부 또한 중요한 역할을 해야 하는 것이다.

이택광 — 당신의 책들이 많이 한국어로 번역되었다. 한국의 독자들에게 하고 싶은 말은?

싱어 — 나는 동물의 복리가 보편적인 윤리원칙에 기반을 두고 있는 것이라고 항상 생각했다. 내 책에 대한 긍정적인 수용이 이를 잘 말해준다. 나는 내 책을 읽고 이런 문제의식을 통해 한국에서 동물을 다루는 방식이 변화하기를 바란다. 특히 고기나 달걀을 생산하는 방식에 의문을 제기하는 것이 필요하다. 국제적으로 연대해서 이 문제들을 고민해줬으면 한다.

사이먼 크리츨리 ^{Simon Critchley}

실망은 끝이 아니라 시작이다

"정치라는 것은 무엇인가 잘못되었다는 사실을 사람들이
'인식'하면서 출발한다. 이것이 바로 윤리적 확신이다."

사이먼 크리츨리
실망은 끝이 아니라 시작이다

이택광 — 당신은 하이데거, 데리다, 그리고 레비나스 같은 대륙 철학자에 대한 책을 많이 썼다. 분석철학의 경향이 강한 영국 에서 이렇게 대륙철학을 주제로 선택한 까닭이 무엇인가?

크리츨리 — 학부에서 나도 다른 영국 학생들처럼 분석철학을 공부했다. 그러다가 문학과 철학에 관한 연구를 시작했는데, 주로 모더니즘 문학에 열정을 가지고 있었다. 카프카나 베케트 가 주요 주제였고 중세문학에도 관심이 있었다. 그러다가 문학 을 주요한 철학적 주제로 삼은 하이데거와 데리다로 자연스럽 게 눈길이 갔다.

이택광 — 한국은 영미 학계처럼 분석철학과 대륙철학의 구분이 강하다. 그러나 당신의 경우처럼 분석철학을 공부하다가 대륙

 사이먼 크리츨리: 실망은 끝이 아니라 시작이다

철학으로 옮겨가기는 어렵다. 여기에 대해 어떻게 생각하는가?

크리츨리 — 첫 번째로 이런 분석철학과 대륙철학의 구분은 대학의 전문성에 기인한 것이라고 말할 수 있다. 이렇게 구분하기 시작한 것은 50년이 채 되지 않은 것 같다. 대륙철학이 구체적으로 대학 코스 명칭으로 도입되기 시작한 것은 1970년대 후반이었다. 서로 다른 문화 때문에 빚어진 구분이다. 물론 철학이라는 것을 대학의 전문 활동만으로 국한하기 어렵다. 두 번째로 이와 같은 구분이 영국에서 일어난 것은 19세기로 거슬러 올라간다. 존 스튜어트 밀이 제러미 벤덤과 새뮤얼 테일러 코울리지에 대해 쓴 두 편의 에세이에서 이런 구분이 처음 등장한다. 밀은 코울리지를 지칭해서 '대륙철학자'라고 불렀다. 이때가 1840년대다. 이보다 훨씬 시기가 빠를 수도 있다. 흥미롭게도 밀은 영국의 철학을 알려면 두 가지 경향을 이해해야 한다고 했는데, 두 가지 경향이라는 것은 벤덤의 과학적이고 경험적인 사고와 코울리지의 낭만주의적이고 해석적인, 말하자면 시적인 사고다. 밀은 분석철학과 대륙철학에 대한 구분이 영국문화에 내면화되어 있다고 생각했다. 말하자면 이런 구분 자체가 영국적인 것이다. 영국과 대륙을 지역적으로 구분한다기보다 이런 사고 체계가 영국문화에 들어 있다고 할 수 있다. 이런 관점에서 분석철학과 대륙철학으로 나누는 문화에 대한 분석이 가능하다. 오늘날 분석철학과 대륙철학을 굳이 구분하는 것은 따분한 일이다. 오히려 문화적인 차이에 나는 훨씬 더 흥미를 느낀다. 나에게 철학은 문화적 분석과 구분할 수 없는 것이다.

이택광 — 당신이 말한 것처럼 분석철학과 대륙철학의 구분이 상당히 문화적일 수 있다. 이런 관점에서 본다면 둘을 나눌 필요가 없지 않은가? 셀라스Wilfrid Sellars나 콰인Willard Van Orman Quine에 오면 분석철학과 대륙철학은 매우 가까워지는 것처럼 보인다. 그런데도 이렇게 두 철학의 경향을 구분하는 것이 여전하다. 이에 대해서 어떻게 생각하는가?

크리츨리 — 그렇다. 분석철학은 19세기 후반 오스트리아학파의 영향을 많이 받았다. 대륙철학의 대표주자들 역시 분석철학의 기원과 깊은 관련을 맺는다. 후설의 경우 고틀로프 프레게Gottlob Frege와 오랜 지적 교류를 나눈 것으로 알려져 있다. 여기에서 얻을 수 있는 교훈은 두 철학적 경향이 훨씬 깊은 역사적인 이해를 나눠 가지고 있다는 사실이다. 또한 이런 역사적인 이해는 어떻게 철학이 출현했는지를 알려주는 것이기도 하다. 철학

　　　　　　　　사이먼 크리츨리: 실망은 끝이 아니라 시작이다

은 역사적 맥락과 동떨어져 존재할 수 없다는 것이 내 입장이다. 철학은 문화와 지리에 기반을 둔 개념적인 활동이다. 우리는 이 모든 양상들을 종합해서 철학을 이해해야 한다.

이택광 —『해체의 윤리』*라는 책을 발간한 뒤에 당신은『무한하게 요구하기』**라는 책을 썼다. 이 책에서 정치철학에 대한 직접적 개입을 보여준다. 이런 과정을 보면서 궁금한 것은 당신의 철학적 기획과 정치가 어떤 관계를 가지고 있는가다. 당신은 자신을 현상학자로 규정했는데, 그렇다면 정치는 당신의 철학에서 얼마만큼 비중을 차지하는가?

크리츨리 — 철학의 목적은 철학적 사고 자체다. 이런 철학의 대상으로 예술, 윤리, 문학 모두를 설정할 수 있는 것처럼 정치도 하나의 대상일 수 있다. 나는 지금까지도 정치적 의무감을 느낀다. 이런 의무감을 철학적으로 이해하는 것도 중요한 문제다. 철학은 정치와 그 역사에 대한 지적인 이해이자 분석이다. 내가 고민하는 철학은 실존적인 구성요소도 있다. 나는 수년간

---

*　Simon Critchley, *The Ethics of Deconstruction*, Motilal Banarsidass, 2005.

**　Simon Critchley, *Infinitely Demanding: Ethics of Commitment, Politics of Resistance*, Verso, 2013.

정치적 활동가로 살았는데, 지금도 정치적인 문제에 활동가로 개입하고자 한다. 정치적 사안에 대해 철학적인 대답을 제시하고자 노력하는 것이다. 『해체의 윤리』는 내 박사논문을 책으로 낸 것이다. 이 책에서 나는 나치에 가담한 하이데거의 문제를 해명하고자 했다. 이 때문에 윤리라는 주제를 정면에서 다루었다. 어떻게 이런 일이 발생했는지에 대한 질문이었다. 윤리적인 것이 정치적 실천의 가능성이라는 것이 핵심이다. 하이데거는 여기에 대해 아무런 대답을 주지 않았다. 이 문제에 대한 것이 내 개인적 관심이었고, 이에 맞춰서 논문을 썼던 셈이다. 『무한하게 요구하기』는 이런 관심 사항을 더욱 발전시킨 것이라고 할 수 있다.

이택광 — 이런 맥락에서 당신은 정치적 실망에서 철학에 대한 요청이 나온다고 한 것인가?

크리츨리 — 종교적 실망과 정치적 실망에서 철학에 대한 요청이 나온다고 했다. 실망이라는 것은 무엇인가 상실하기 때문에 발생한다. 무엇인가 잃어버린 경험에서 실망이 기인한다. 실망은 끝이라기보다 시작이다. 이것이 중요하다. 그 시작이 바로 철학에 대한 요청이다.

 사이먼 크리츨리: 실망은 끝이 아니라 시작이다

이택광 —『무한하게 요구하기』에서 흥미롭게도 데리다에 대해 언급하지 않는다. 정치적인 저작에서 데리다를 언급하지 않고 레비나스를 다룬 특별한 이유가 있는가? 레비나스가 데리다보다 더 정치적이라고 생각했기 때문인가?

크리츨리 — 나는 레비나스와 사랑에 빠졌다. 레비나스는 철학자의 진리를 보여준다. 왜 철학자가 말하는지에 대해 알려주는 장본인이다. 지적인 논의를 전개하지만 또한 수사학적이고 정서적이다. 이것이야말로 내가 오랫동안 기다렸던 철학의 본령이다. 데리다의 경우는 철학적인 아방가르드였다. 모든 이들이 이해하고자 했던 철학자가 데리다다. 내가 데리다를 통해 시도하고자 했던 것은 도덕적인 개념과 정치적인 개념에 대한 분석이었다. 이를 통해 그 아래에 있는 토대를 해체하는 것이었다. 말년의 데리다는 나에게 그렇게 흥미를 끌지 못했다. 오히려 좀 실망스럽기도 했다. 아마도 이런 생각이 데리다보다도 레비나스로 나를 이끌었던 것인지 모르겠지만, 의식적으로 그렇게 한 것은 아니다. 여하튼 내가 알아채지 못한 것을 질문해줘서 거기에 대해 좀 더 생각을 해볼 수 있을 것 같다.

이택광 — 지젝은 당신의 『무한하게 요구하기』를 자유주의적인

아나키즘이라고 비판했다. 당신 책에 대한 서평에서 자유주의
와 당신의 정치 전망이 다를 것이 없다고 했는데, 이에 대해 어
떻게 생각하는가?

크리츨리 — 나는 내 입장을 바꾸지 않았다 지젝이 제기한 논쟁
은 너무 구태의연한 것이라고 할 수 있다. 마르크스주의와 아
나키즘을 대립시킨다는 점에서 그렇다. 이런 논쟁의 기원은
1차 인터내셔널로 거슬러 올라간다. 마르크스가 이때 아나키
스트를 축출했다. 이런 이유로 긴장이라기보다 적대감이 마
르크스주의와 아나키즘 사이에 팽배하게 되었다. 지젝은 자기
자신을 레닌주의자라고 하는데, 나는 이런 입장이 잘못되었다
고 생각한다. 당과 연결된 전위조직이 사회변혁을 주도한다는
발상에 동의하기 어렵다. 나는 연방주의자에 가깝고 고전적인
아나키스트적인 정치관을 가지고 있다. 월스트리트 점령 운동
에 대한 보도가 얼마나 한국에서 이루어졌는지 모르겠지만 이
운동만 보더라도 지젝의 생각이 잘못되었다는 것을 알 수가
있다.

이택광 — 지젝도 그 시위현장에 우연히 있었다고 한다.

크리츨리 — 그렇다. 하지만 지젝이 전적으로 동의했다고 보기 어렵다. '월스트리트를 점령하라'는 아나키즘적인 운동이었지 마르크스주의나 레닌주의적인 투쟁이 아니었다. 이슈는 평등이었지만 전술은 아나키스트적이었다. 지젝이 이런 운동을 공산주의라고 부른다면 틀린 것이다. 자유주의적이거나 공산주의적인 것이 아니었다. 지젝이 말하는 전위적인 지도부도 없이 자발적으로 모였다가 흩어졌다. 훨씬 복잡하고 민주적인 운동이었다. 이들을 모이게 만든 명분이 운동 자체였다.

이택광 — 당신이 말하는 것과 랑시에르의 주장이 비슷한 것처럼 들린다. 어떤 부분에서 같고 어떤 부분이 다른가?

크리츨리 — 랑시에르도 아나키즘의 형식을 긍정적으로 검토한다. 랑시에르의 견해는 기본적으로 정치를 치안으로 보는 것이다. 정치적인 것을 이와 구분한다. 정치의 문제를 보이는 존재와 보이지 않는 존재로 나누었다는 것은 참신하다. 랑시에르가 고려하지 않은 것은 윤리적 범주다. 정치는 결코 우발적으로 발생하지 않는다. 정치는 사람들이 기획하는 것이다. 이런 기획과 무관한 순수한 정치에 대해 랑시에르는 이야기한다. 그러나 정치라는 것은 무엇인가 잘못되었다는 사실을 사람들이 '인식'하면서 출발한다. 이것이 바로 윤리적 확신이다.

이택광 — 당신은 확실히 마르크스주의에 반대하는 것처럼 보인다. 왜 이런 입장을 취하는가?

크리츨리 — 직접적으로 마르크스 자체에 반대한다는 것은 아니다. 『무한하게 요구하기』에서 확인할 수 있듯이 마르크스의 문제에 대해 나는 아주 길게 논의하고 있다. 마르크스를 읽지 말자는 것이 아니다. 마르크스주의의 전통에서 볼 수 있는 경제적 환원주의를 경계하자는 것이다. 마르크스는 중요하다. 1844년을 전후한 정치적 마르크스도 설득력을 갖는다. 또한 후기 마르크스는 자본을 해체하는 작업에 주력했는데, 자본주의에 대한 그의 분석은 상당히 정확한 것이라고 할 수 있다. 후기 마르크스의 분석은 정치이론을 누락하고 있다. 이런 까닭에 다른 이론에 관심을 기울일 수밖에 없다. 경제 분석이 곧 정치적인 것은 아니다. 마르크스의 경제 분석을 정치적인 것으로 전환시킬 수 있어야 한다. 마르크스-레닌주의에서 주장하는 당 이론도 문제다. 국가권력을 장악하는 것을 목적으로 존재하는 아방가르드적인 당의 역할에 대한 주장도 신뢰하기 어려운 것이라고 할 수 있다. 상호주의가 개인주의를 행동으로 이끌고 파편화된 개인의 단위는 하나의 형태로 만들었다.

이택광 — 마르크스주의에 대한 비판적 수용은 당신이 주장해온 상호주의적인mutualist 입장과 무관하지 않을 것 같다. 당신은 노동조합운동에도 관여했는데, 이런 경험이 영향을 미친 것인가?

크리츨리 — 노동조합운동의 경험은 나에게 매우 중요한 부분이다. 마르크스주의는 사회주의적 전통이기도 하다. 영국의 경우에서 확인할 수 있듯이 사회주의적 전통은 마르크스에게 고유한 것이 아니다. 낭만주의 시인 윌리엄 블레이크에게서도 비타협적인 사회주의를 발견할 수 있다. 기독교적인 전통에서도 사회주의를 말한다. 감리교 교회의 활동이 노동자당에 비견할 만했다. 상품에 대한 마르크스주의적인 분석 같은 것이 정치적인 효과를 발휘한다는 것은 분명하다. 그런데 어떻게 이런 사회주의적 주제가 동기화motivate할 수 있는 것인지 묻지 않을 수 없다. 종교의 경우 충분히 교회가 좌파적 경향을 띨 수 있다. 마르크스주의는 이런 것을 단순하게 상부구조의 문제로 볼 뿐이다. 부차적인 문제로 보는 것이다. 나는 여기에 동의하지 않는다.

이택광 — 당신은 정치와 윤리를 서로 관련짓는 것 같다. 윤리가 정치를 동기화한다고 보는가?

크리츨리 — '월스트리트를 점령하라'를 보면 알 수 있다. 상호주의가 개인주의를 행동으로 이끌었다. 파편화된 개인의 단위가 하나의 형태로 만들어졌다. 각자 다른 개인이지만 함께 행동한다는 상호주의가 작동했던 것이다.

이택광 — 어떻게 상호주의가 아나키즘으로 연결될 수 있는가?

크리츨리 — 아나키즘이 상호주의를 체현하고 있다. 아나키즘은 어떤 대안을 찾기 위해 독립적인 개인들이 자유롭게 연대하는 것이다. 마키아벨리나 홉스 같은 정치철학자에게 인간은 나약하고 사악한 존재다. 이런 까닭에 절대 권력을 가진 국가를 통해 개인은 통제되어야 한다는 것이다. 그렇지 않으면 전쟁의 나락으로 떨어질 수밖에 없다는 논리다. 그러나 아나키즘은 전혀 반대의 입장이다. 정부가 본질적으로 악이고, 개인은 독립적인 상호주의를 체현하고 있다. 이처럼 아나키즘의 문제는 인간의 본성에 대한 근본적 질문을 내포한다. '인간-정치^{anthro-political}'적인 문제에 대해 해명하려는 것이 아나키즘이다. 잠재

　　　　　　　사이먼 크리츨리: 실망은 끝이 아니라 시작이다

적으로 인간은 상호주의에 근거해서 행동하게 되어 있다. 이런 관점에서 정치를 구성해야 한다는 것이 아나키즘이다.

이택광 — 모든 정치는 의제를 설정해야 한다. 사람들은 구체적인 대안을 요구한다. 당신이 말하는 것과 이런 정치적 전망은 어떤 관련성을 갖는가? 아나키즘이 곧바로 정치적 전망이라고 말할 수는 없지 않은가? 당신의 관점에서 구체적인 해결책 같은 것을 제출할 수 있는가?

크리츨리 — 옳은 지적이다. 아나키즘은 실현 불가능한 이상론이라는 주장도 있지만 '월스트리트를 점령하라'에서 보듯이 실제로 작동한다는 것을 어렵지 않게 알 수 있다. 대중적인 지지를 충분히 받을 수 있다. 서구 민주주의에서 정부는 금융자본주의를 유지하기 위해 존재할 뿐이다. 민주주의는 국가주의의 관점에서 본다면 농담에 불과하다. 이런 까닭에 냉소주의가 발생한다. 정부는 민주주의를 말하지만 전혀 작동하지 않는다. 누구나 이 사실을 안다. 그러나 '월스트리트를 점령하라'는 경제적인 문제를 정치적인 테이블 위에 올린 사례라고 할 수 있다. 민주주의가 다른 것일 수 있다는 것, 정부가 제시하는 것과 다른 무엇일 수 있다는 사실을 알려준 것이다.

이택광 — 많은 이가 자본주의 위기에 대해 말하는데, 여기에 대해 어떻게 생각하는가? 어떤 해결책이 나을 수 있다고 보는가?

크리츨리 — 자본주의는 위험스러운 체제다. 1990년대에 이미 역사는 끝났다는 말이 나왔다. 자본주의가 이겼다는 것이다. 그러나 지금 자본주의에 대한 반대의견이 난무하고 있다. 마르크스가 묘사했던 사회경제적인 삶의 형터는 역사적인 기원을 갖는다. 자본주의는 놀랍게도 효과적으로 이런 사회경제적인 삶을 조직화했다. 물론 불평등하지만 말이다. 사회민주주의는 이런 문제를 해결하기 위해 제시되었다. 금융자본주의는 기괴한 판타지라고 할 수 있다. 그것은 산업생산이 아닌 금융을 통해 돈을 만들어낸다는 불가능한 기획이다. 이런 판타지가 규제완화라는 명목으로, 물건을 제조하고 그것을 팔아서 이윤을 남기는 고전적인 산업자본주의를 무너뜨려버렸다. 서구 사회는 자유 시장에 대한 거대한 판타지를 가지고 있다. 그러나 자유 시장이 대책일 수는 없다. 내가 관심 있는 것은 상품의 교환 문제다. 일종의 등가성이 있어야 교환이 가능하다. 이 등가성에 바탕을 두고 우리는 이행의 체제로 나아갈 수 있다고 본다. 자본주의는 이 과정을 신비화하는 경향이 있다.

 사이먼 크리츨리: 실망은 끝이 아니라 시작이다

이택광 — 최근 출간한 책『신념 없음의 신념』*에서 당신은 정치와 신학의 문제를 제기했다. 무엇에 대한 이야기인가?

크리츨리 — 책에서 제기하는 문제는 간단하다. 종교, 정치, 폭력이라는 세 가지 개념에 대한 전체적인 고찰을 수행하는 것이 목표였다. 서구 사회에서 세속주의, 자유민주주의라는 세속적 형식이 종교의 역할을 대체했다. 자유민주주의적인 정치체제가 종교적인 전쟁을 주도한 것이다. 인간의 삶과 죽음이라는 거창한 문제에 관여하게 되어버렸다고 할 수 있다. 신은 이런 세속적인 정치체제의 폭력을 정당화하기 위한 수단으로 호명되었다. 이 책에서 주로 다루고 있는 것은 모든 인간 사회의 정치가 신성한 형식, 말하자면 종교적인 형식을 띠고 나타난다는 사실이다. 제의적이고 신학적인 형식을 차용하는 것이다. 이런 방식으로 정치신학은 신념에 대한 질문이라고 할 수 있다. 어떻게 신념이 없는 이들이 신념을 가질 수 있는 것인지 이 문제를 해명할 필요가 있다. 신념이라는 것은 신이라는 초월적 존재에 대한 맹목적 믿음이 아니다. 신념은 오히려 무한하게 요

* Simon Critchley, *The Faith of the Faithless: Experiments in Political Theology*, Verso, 2012.

구하기다. 신념은 윤리적인 것이다. 이런 전제에서 다양한 정
치신학의 양상에 대해 논의한 것이 이 책의 요지다.

그렉 램버트
Gregg Lambert

누가 '영구평화'를 두려워하랴?

"무궁화라는 말에 영원eternity이라는 의미가 포함되어 있
다는 사실에서 이 폐허를 남겨둠으로써 의도했던 것을
짐작할 수 있었다. 영원한 평화에 대한 갈구와 전쟁의
상흔이 남아 있는 폐허의 대립은 아이러니한 의미를 만
들어낸다."

이택광 — 이번에 한국 방문의 목적이 영구평화프로젝트^{Perpetual} Peace Project의 일환인 것으로 알고 있는데, 당신은 이 프로젝트의 창립자 중 한 명이기도 하다. 어떤 취지에서 이 행사를 주관하고 있는가?

램버트 — 영구평화프로젝트는 미국의 시라큐스대학교과 유엔이 공동으로 주관하는 것인데, 칸트의 영구평화론을 주제로 평화에 대한 생각들을 나누는 행사다. 엘렌 식수를 비롯한 다양한 인문학자들이 이 행사에 참여했다. 이 행사의 의미는 학계를 구성하는 철학자와 유엔이라는 현실적인 정치제도가 만난다는 사실에서 찾을 수 있다. 칸트의 『영구평화론』*이 적시하

---

* 임마누엘 칸트, 『영구 평화론』, 박환덕·박열 옮김, 범우사, 2012.

고 있는 것처럼 철학자의 평화와 정치가의 평화는 일정한 차이를 내포하면서 역사적으로 고착되었다. 오늘날 운위되고 있는 평화의 문제도 이런 차이 위에서 전개되는 것이라고 할 수 있다. 평화에 대한 철학자의 논의는 경험적 원리에 충실해야 하는 현실 정치에 아무런 영향을 미치지 못하기 때문에 허용될 수 있다는 칸트의 견해는 철학자와 정치가의 관점에서 평화를 공평하게 고찰해야 할 필요성에 대한 요청이기도 하다. 영구평화프로젝트는 이런 취지에서 지금도 진행되고 있다.

이택광 — 홈페이지에서 참가한 학자들과 정치가들의 면면을 살펴보니 참으로 다양했다. 한국에서 특별하게 준비한 행사는 무엇인가?

램버트 — 철원에 있는 조선노동당사 유적을 방문하는 것이었다. 폐허로 남은 그곳이 '전쟁의 정지the suspension of war'라는 것이 결코 영구평화일 수 없다는 칸트의 명제를 보여주는 것 같아서 이런 계획을 세웠다. 칸트의 주제를 그곳만큼 명확하게 드러내는 곳도 없을 것 같았다. 아주 흥미로운 여행이었다.

이택광 — 지젝도 한국 방문 시에 DMZ을 방문한 뒤에 인상 깊은 체험기를 그의 책에서 밝히고 있다. 북한을 남쪽에게 보여주기 위한 일종의 '극장'으로 묘사한 것이 인상 깊었는데, 이런 분석은 남과 북이 적대적이라기보다 공생적 관계라는 사실을 암시하는 것이기도 하다. 한국에서도 백낙청 교수 같은 분이 분단체제론을 제기하면서 남북문제를 새로운 시각에서 조명한 적이 있다.

램버트 — 철원 조선노동당사 건물을 방문했을 때 받은 인상은 기이했다. 극단적 반공주의 국가를 거쳐온 한국인데 왜 이런 기념물을 남겨두는지 호기심이 일었다. 특히 폐허 뒤쪽에 심어놓은 무궁화가 인상적이었다. 무궁화라는 말에 영원eternity이라는 의미가 포함되어 있다는 사실에서 이 폐허를 남겨둠으로써 의도했던 것을 짐작할 수 있었다. 영원한 평화에 대한 갈구와 전쟁의 상흔이 남아 있는 폐허의 대립은 아이러니한 의미를 만들어낸다는 생각이다. 이것이야말로 오늘날 평화가 처해 있는 현실이라는 의미다. 따라서 우리가 본 그 건물은 한반도에서 고착되어 있는 평화의 현재성을 보여주는 중요한 증거물이기도 했다.

이택광 — 구체적으로 어떤 의미라고 생각하나?

램버트 — 영원성을 상징하는 무궁화가 한국인의 정체성을 뜻
한다는 안내문의 구절에서 유추할 수 있듯이 그 장소는 한국인
에게 어떤 영원성에 대한 갈구를 의미하는 것이었다. 그 영원
성이 국가의 통일과 관련되어 있다는 것이 흥미로웠다. 통일이
곧 평화라고 한다면 이런 염원은 영구평화에 대한 소망과 무관
하지 않다. 전쟁이 멈춘 자리에 영구평화에 대한 염원을 상징
하는 꽃을 심어놓았다는 것이 중요하다.

이택광 — 하지만 그 건물을 전시해놓은 까닭은 북한 공산집단
의 폭력성에 대한 강조다. 정치적 선전선동을 목적으로 하는
것이다. 북한에 대한 극단적 공포를 이끌어내려는 의도와 무궁
화로 표상되는 영구평화에 대한 갈망은 모순적인 것처럼 보인
다. 냉전주의적 이데올로기가 그 폐허에 남아 있다고 말할 수
있다.

램버트 — 그래서 아이러니하다는 것이다. 전쟁과 폭력에 대한
환기가 영구평화에 대한 염원과 결합해 있다는 점에서 그렇다.
이 상황은 칸트가 『영구평화론』에서 제시한 첫 번째 조항과 맞
아떨어진다. 칸트는 "장차 전쟁의 화근이 될 수 있는 내용을 유
보한 채 맺는 어떤 평화조약도 결코 평화조약일 수 없다"고 말

했다. 말하자면 지금 전쟁의 흔적을 고스란히 간직한 이 건물이 남아 있는 것은 영구평화의 부재를 의미한다. 그러나 그 부재는 또한 영구평화에 대한 염원과 관계가 있다. '적을 배제한 평화'라는 전제가 이런 아이러니한 상황을 만들어낸다. 형이상학적인 차원과 물질적 차원이 서로 결합히 있는 것이다. 이 상황 자체가 두 차원의 관계를 정확하게 보여주는 것처럼 보일 정도다. 그 폐허의 건물은 마치 그리스의 파르테논 신전처럼 보였다. 과거의 것은 사라졌지만 거기에 부여한 의미들은 끊임없이 재생산된다. 이런 의미에서 그 폐허는 특정한 지리학적 장소에 속한 것이라기보다 개념의 영토에 속한 것이라고 할 수 있다. 들뢰즈가 말했듯이 개념은 영토territory와 관련된 것이다. 이 영토는 현실적인 공간을 의미하지 않는다. 조선노동당사라는 역사적인 건물은 거기에 없다. 오직 폭력의 기억으로서, 부재한 영구평화를 증명하는 기념물로 그 자리에 서 있는 것이다. 냉전 이데올로기를 강화한다는 민족주의적 기획은 이 지점에서 붕괴한다. 언제나 그 목적을 빠져나가는 영구평화에 대한 염원이 있는 것이다. 그것이 통일의 모습으로 나타나더라도 그것은 평화에 대한 갈구라는 점에서 언제나 이미 민족주의적이지 않다. 국가의 안전은 영구평화와 다르다. 생명정치든 민족주의든 국가는 물리적 안전만을 이야기할 뿐이다. 이런 안전은

  그렉 램버트: 누가 '영구평화'를 두려워하랴?

정치적 자유와 아무런 상관이 없다. 전쟁의 폭력을 고스란히 안고 있는 건물을 보전하는 행위는 국가의 안전을 환기시키려고 하는 것이지만 이 안전을 통해 정치적 자유가 자동으로 보장되는 것은 아니다. 이 괴리를 드러내는 것이 바로 우리가 철원에서 본 폐허의 실체일 것이다.

이택광 — 이야기를 돌려보자. 당신의 이력을 보면 해체주의로 유명한 자크 데리다의 지도를 받아서 박사학위를 취득했고 지금은 들뢰즈 학자로 알려져 있다. 조만간 국내에 번역될 『누가 들뢰즈와 가타리를 두려워하랴』*라는 책을 보면, 당신이 들뢰즈를 중요한 이론적 준거로 삼는 이유에 대한 진술이 나온다. 흥미로운 것은 상식적인 인식에 도전하면서 『안티 오이디푸스』**를 쓴 들뢰즈와 가타리의 의도가 반-라캉적이지 않다고 말한 점이다.

램버트 — 내가 그 책에서 비판하고 있는 것은 들뢰즈와 가타리를 해석하는 작업에 치중하고 있는 미국 학계의 풍토였다. 신

---

* 그렉 램버트, 『누가 들뢰즈와 가타리를 두려워하랴』, 최진석 옮김, 자음과모음, 근간.
** 질 들뢰즈·펠릭스 가타리, 『앙띠 오이디푸스』, 최명관 옮김, 민음사, 2000.

체적 전회^{bodily turn}라고 명명할 수 있는 이런 해석은 혁명적 차원을 사적인 차원에 머물게 만들어서 정치사회적인 문제를 신체적인 관계로 환원시켜버린다. 문제는 여기에 있다. 언어와 관련되어 있는 신체의 문제가 사장되어버리는 것이다. 사건이 응고된 것이 언어다. 단어가 배치되고 비신체적인 전환이 일어나는 지점에서 긍정적인 욕망이 만들어낸 사회적이고 정치적인 장면^{scene}을 목격할 수 있다. 문학 텍스트를 읽는다는 것은 이런 장면을 발견하기 위한 것이지 들뢰즈와 가타리의 철학을 해석이론으로 사용하는 것이 아니다. 명백한 것은 『안티 오이디푸스』의 저자들은 이런 태도에 반대의견을 제출해왔다는 사실이다. 라캉에 대한 주장도 마찬가지다. 문제는 지젝처럼 라캉을 이용해서 다양한 문화현상들을 징후적으로 읽어내는 것에 그치는 것이 아니다. 원래 라캉이 무의식에 대한 해석이론으로 전유되기 전에 보여줬던 분석적 장면들을 찾아내는 것이 중요하다. 들뢰즈와 가타리가 『안티 오이디푸스』에서 한 작업이 바로 이것이었다. 이들은 라캉을 신학적 주석학에서 해방시켜서 구체적인 실천지침으로 만들고자 했다. 특히 한국은 아시아의 현실을 압축적으로 보여주는 장소이기에 한국 사회에 많은 관심이 있다.

이택광 — 비단 들뢰즈와 가타리에 국한해서 생각할 문제가 아니라 이론 전반에 걸쳐서 새겨들어야 할 말이라는 생각이 든다. 물론 말처럼 그렇게 쉽지는 않다. 많은 이들이 위기와 혁명을 이야기하는 시대다. 여기에 대해 어떻게 생각하는가?

램버트 — 월스트리트 점령 시위가 일어나기 전에 영구평화프로젝트를 뉴욕에서 진행한 적이 있었다. 2010년 4월이었을 것이다. 거기에서 나는 화폐를 전쟁의 수단으로 묘파했던 칸트에 대해 이야기했다. 그 뒤에 시위가 일어났다. 월스트리트 점령 시위는 미국 사회에서 종적을 감췄던 급진운동을 다시 복권시킨 사건이었다고 할 수 있다. 칸트는 영구평화에 대한 이론적 관념과 실천적 지식 사이에 괴리가 있다는 사실을 지적했다. 이런 지적에서 유추해볼 수 있듯이 18세기 정치 환경은 철학자의 평화관과 정치인의 평화관이 서로 충돌하고 있었다는 사실을 알 수 있다. 평화라는 개념을 중심으로 분열증적인 결합이 형성된 것이다. 칸트는 이 사실을 지적하면서 둘의 공존을 주장했지만 사실은 영구평화에 대한 철학자의 입장을 관철시키는 것이 목적이었다. 칸트의 평화론은 실질적인 평화협정에 대한 패러디이자 비판이었다. 자본주의가 전쟁의 원인이라는 지적은 철학자의 논의일 수 있지만 현실 정치인들이 새겨들

어야 할 내용이다. 이 괴리를 좁히는 것이 현실적 해결책일 것
이다.

이택광 — 당신은 마르크스주의에 대해서도 회의적이다.

램버트 — 마르크스의 저작 자체에 대한 반대라기보다 교조적
인 마르크스주의에 대해 비판적이다. 마르크스주의는 혁명적
인 사건을 만들어내는 욕망을 특정한 규범에 구겨 넣는다. 정
치적인 것은 비인격적인 것이다. 특이성은 인간주의로 환원할
수 없다. 마르크스주의의 문제는 이런 인간주의를 통해 혁명과
사건을 설명한다는 것이다. 비인격적인 차원에서 도덕의 범주
를 넘어가는 운동이 있다. 전쟁기계^{war-machine} 같은 것. 이 운동
이 기존의 질서를 해체한다. 우리에게 필요한 것은 이렇게 보
수적인 질서를 허무는 해체의 운동이다. 마르크스주의는 이에
대한 뚜렷한 전망을 내놓지 못한다는 점에서 재고해야 한다.
물론 마르크스주의가 말하는 근본적인 취지에 대해 반대한다
는 뜻은 아니다. 다만 그것이 멈추어 있는 자리에서 우리는 다
시 출발해야 한다는 말이다.

이택광 — 당신은 미국 학자치고 한국에 자주 오는 편이다. 한국

 그렉 램버트: 누가 '영구평화'를 두려워하랴?

을 비롯한 아시아가 세계사상에 어떤 기여를 할 수 있다고 생각하는가?

램버트 ── 미국 대학에서 지켜보면 가장 우수한 유학생 집단이 아시아 학생들이다. 이런 진단이 경제적인 측면뿐 아니라 정치적인 측면에서도 급성장한 아시아의 사정과 무관하다고 보기 어렵다. 특히 한국은 이런 아시아의 현실을 압축적으로 보여주는 장소이기도 하다. 그래서 나는 한국 사회에 많은 관심을 가지게 되었다. 다른 근대성의 차원이라는 점에서 한국 사회가 서구에 말해줄 수 있는 것이 많다. 이번 방문에서 찾아낸 여러 가지 문제, 그 중에서도 남북관계와 관련한 상징성들은 나에게 많은 것을 암시해줬다. 앞으로 여기에 대한 고민들을 발전시켜볼 생각이다.

알베르토 토스카노

Alberto Toscano

'평범한' 마르크스주의

> "나는 신자유주의라는 이데올로기가 결정적이라기보다 기회주의적이라고 본다. 우리에게 필요한 생각은 '다른 세계'에 대한 것이라기보다 이 안에서 내재적인 것을 바꾸는 것이다."

이택광 — 당신은 저서 『광신』*에서 계몽됐다고 해서 광신에서 벗어난 것은 아니라는 흥미로운 주장을 펼쳤다. 이 책을 쓴 목적은 무엇인가?

토스카노 — 세 가지다. 첫째, 학계와 공공 담론에 특히 '테러와의 전쟁'이라는 맥락에서 만연해 있던, 계몽과 광신을 대립적으로 파악하는 생각을 비판하기 위해서였다. 이런 비판은 정치와 종교, 정념과 합리성에 대한 서구 철학과 정치적 논쟁의 역사를 깊게 파고 들어가야 가능했다. 둘째, 식민주의적이고 반혁명적인 사고 가운데 광신이 예측할 수 없는 반향을 불러일으킨다는 사실을 보여주고자 했다. 셋째, 맹목적인 해방의 정치

*   Alberto Toscano, *Fanaticism: On the Uses of an Idea*, Verso, 2010.

학을 반대하는 정치 이론과 실천을 형식화하는 방식으로 다양한 광신의 사례에 대한 고찰을 활용하고자 했다.

이택광 — 당신은 자유주의 정치학이 자기 입장을 정당화하기 위해 광신주의를 이용한다고 말했다. 이런 관점에서 신자유주의화도 주체성의 생산과 재생산을 통제하기 위한 정치적 종교라고 말할 수 있지 않을까.

토스카노 — 나는 신자유주의라는 이데올로기가 결정적이라기보다 기회주의적이라고 본다. 이데올로기적인 기획으로서 신자유주의 또는 신보수주의가 과다하게 포장되어 있다고 보는 것이다. 장기적인 사회경제의 역동성을 손상시키는 것이 바로 이런 이데올로기적 기획이다. 신자유주의가 종교처럼 주체성을 생산하는 측면을 과소평가할 수 없겠지만 신자유주의는 결핍감을 부추기는 담론으로 상시적 위기 상황을 조성하는 방식으로 소극적인 주체에까지 작동할 수 있다. 이런 경향은 부채 관계에서 명백하게 드러난다. 이 부채는 서브프라임 모기지, 학자금 대출, 신용카드 등을 포괄한다. 부채는 개인의 미래와 관련한 모든 문제에 영향을 미친다. 시간의 상품화, 화폐의 사회 권력에 대한 실재적이고 환상적인 접근이 이런 관계다. 이런 것들이 푸코적인 통치성 이론이 제시하는 것보다도 훨씬 구체적이고 섬세하게 주체를 생산하는 장치다.

이택광 — 신자유주의가 무너지고 있다는 말이 여기저기서 들린다. 이런 논의는 기본적으로 타락한 자본주의에 대한 자유주의적 규정에서 발생하는 것 같다.

토스카노 — 많은 경제학자와 지식인이 계속되는 위기와 예상보다 빠른 황폐화를 비판하면서 신자유주의의 재난적 결과를 예측했다. 존 그레이John Gray, 에드워드 러트왁, 제프리 삭스, 폴 크루그먼, 조지프 스티글리츠 같은 이들 말이다. 얌전하긴 했지만 이런 좌편향은 환영할 만한 현상이다. 경제학에서 비정통적 전통을 되살리는 것이 어느 정도까지는 비판적 지점을 만들어 낼 수 있다. 앨런 그린스펀처럼 위기의 원인을 '결함 있는 모델'에서 찾는 것은 문제다. 구체적 실천에서 신자유주의는 유토피아적이라기보다 기회주의적이다. 나는 이런 위기를 좀 더 장기적인 관점에서 봐야 한다는 주장이 설득력 있다고 본다. 신자유주의가 없었다면 우리는 다소 안정적인 자본주의 체제에 살 수 있었을 것이라는 개념을 제시하는 것은 중요하다. 계급적 기획으로서 신자유주의는 공격적이다. 위기를 기회로 밀고 가

 알베르토 토스카노: '평범한' 마르크스주의

면서 강탈과 상품화를 부추기기 때문이다.

이택광 — 자본주의의 대안이 무엇이라고 말할 수 있겠는가.

토스카노 — 대안이라는 개념은 자본주의 '옆'에 다른 사회 체계가 가능하다는 것을 전제하기 때문에 문제가 있다. 우리에게 필요한 생각은 '다른 세계'에 대한 것이라기보다 이 안에서 내재적인 것을 바꾸는 것이다. 이것은 자본주의에 대한 추상적 부정이 아니라 결정적인 부정이다. 문제는 대안에 관한 것이라기보다 이행의 개념이다. 내가 강조하고자 하는 것은 사회적인 매개를 만들어내는 양식에 대한 도전을 생각해야 한다는 것이다. 맥락은 다양한 방식으로 변화하지만 우리는 계획, 시장, 화폐에 대한 고전적인 논쟁을 다시 시작해야 한다.

이택광 — 로렌초 키에사와 함께 쓴 『이탈리아적인 차이』라는 책에서 당신은 급진적 사고를 둘러싼 이론적 논쟁을 소개했다. 정치 이론에서 이탈리아 이론가들의 운동을 무시할 수 없다고 했는데 왜 그런가.

토스카노 — 국가적 혹은 지역적 특수성을 이론적으로 정의하는 것은 힘들고 문제 될 소지가 있지만 역사적 궤적, 지적 생산물 유형, 정치적 형식이 독특한 이론을 형성한다고 보는 데에는 무리가 없겠다. 마르크스가 프랑스 정치사상, 영국의 정치경제학, 독일 철학을 반영했듯 이탈리아 철학자 로베르토 에스포지토가 『살아 있는 사고』*에서 이야기한 것처럼 삶과 정치, 역사의 구성적 관계를 중시하는 것이 이탈리아 이론의 특징이다. 마키아벨리로부터 비코, 그람시, 그리고 다양한 이탈리아 마르크스주의에 이르는 '불순물 섞인' 사고가 이를 보여준다. 지역적 특색은 이제 세계적 국면에 놓여 있다. 국제 학계와 지식계에서 이탈리아 이론은 공용어로 거듭나고 있다. 반대로 이탈리아 이론가들은 그동안 무시했던 자신들의 전통을 다시 돌아보고 있다.

이택광 — 당신은 제이슨 바커가 만든 다큐멘터리 영화 〈마르크스 재장전〉에 출연해 생산관계를 이해하기 위해 정통 마르크스의 방법론이 유효하다고 주장했다. 마르크스주의가 현재의 위기를 이해하기에 쓸모가 있다고 생각하는가?

* Roberto Esposito, *Living Thought: The Origins and Actuality of Italian Philosophy*, Trans. by Zakiya Hanafi, Stanford University Press, 2012.

  알베르토 토스카노: '평범한' 마르크스주의

토스카노 — 나는 '정통 마르크스주의'라는 용어보다는 라이트 밀즈가 이야기한 '평범한 마르크스주의'를 더 선호한다. 정통 마르크스주의는 어딘가 종교적인 느낌을 주기 때문이다. 내가 경계하는 것은 현재가 전례 없는 새로운 상황이라는 주장이다. 이런 생각은 종종 제한된 근거에서 비롯되는데, 예컨대 북반구에서 '고전적인' 노동계층이 줄어든 것을 놓고 '산업적·물질적 노동이 소멸했다'고 잘못 단언하는 식이다. 마르크스를 통해 제시된 가치생산과 축적의 논리는 여전히 자본주의 핵심으로 남아 있다. 자본의 전략, 형식, 경로가 다양해졌다는 사실을 알 필요가 있다. 나는 이 모든 것을 단번에 표현할 수 있는 비장의 무기가 마르크스주의에 있다고 생각하지 않는다. 오늘날 마르크스주의는 마르크스 자신이 위기를 탐구했던 그 풍성함으로 증명하고 있다. 과잉축적에서 임금 긴축에 따른 장기적 침체, 금융화의 논리에서 미국 제조업 분야의 과잉생산, 경제제국주의에서 자본가들의 라이벌의식, 이 모든 것이 바로 마르크스가 논의했던 것들이다. 데이비드 하비는 이런 문제의식을 발전시키고 있는 대표적 학자다. 마르크스의 접근법이 쓸모없다는 것은 퇴행적인 이야기다.

이택광 — 요즘 계급모순은 세대모순으로 변화한 것처럼 보인다. 한국에서도 젊은 세대가 기성세대에 비해 기회를 박탈당하는 경우가 많다. 몇몇 지식인은 신자유주의적 경제가 젊은 세대의 미래를 파괴한다고 비판한다.

토스카노 — 세대 분리는 계급투쟁의 일종이라고 볼 수 있다. 경제와 제도의 구조가 이런 결과를 초래하는 것이다. 젊은이들의 기회와 생활을 파괴하는 것과 더불어 나이 든 기성세대의 안전을 위협하는 것은 수탈적 경제모델의 결과다. 실제적으로 세대 간 문제는 본질적인 것이 아니다. 영국의 경우 교수 연금 시위에 학생들이 지지를 보내고, 학생들의 등록금 시위에 대해 교수들이 지지하는 경우를 볼 수가 있다. 문제는 자본의 간섭에도 불구하고 사회의 재생산, 공통적 자산의 가능성, 사회적 평등의 기준에 대한 공감을 유지하는 것이다.

이택광 — 자유주의 이데올로기뿐 아니라 마르크스주의를 포함한 좌파적 이론이 위기에 봉착한 것처럼 보인다. 이런 현상이 왜 발생한다고 생각하는가?

토스카노 — 마르크스주의는 이미 19세기에 첫 번째 '위기들'을 경험했다. 그래서 새로운 이야기는 아니다. 최근의 문제의식도

  알베르트 토스카노: '평범한' 마르크스주의

1970년대에 이미 제기되었던 것이다. 금융 관련 신문들이 마르크스가 옳았다고 아무리 이야기해도, 위기의 순간은 아직 도래하지 않았다는 사실이 중요하다. 80~90년대 우리가 목격한 마르크스주의에 대한 거부감은 채 사그라지지 않았다. 마르크스주의에 근거한 이론들이 현실을 설명할 수 있는 능력이 있다는 것과 집단적인 대중운동이 '유기적'으로 이런 이론과 결합하는 것은 다른 문제다. 지배적인 질서에 도전하는 정치적 재구성은 하루아침에 이루어지지 않는다. 어떤 이론이든지 현실을 거머쥘 때만 전환적인 계기를 맞이할 수 있다. 80년대 이래로 만연한 탈정치화와 반세계화 정치의 상징성은 선명한 대조를 이룬다. 칸트의 말을 빌려 표현하자면 반세계화 운동은 '역사적 징조'가 아니라면 최소한 '전-역사적 징조'일 것이다. 이런 운동은 참을 수 없는 조건에 대한 집단적인 행동의 가능성을 환기시키며, 국가와 자본의 파괴적인 권력에 도전하는 사람들의 의지를 보여준다.

이택광 — 앞으로의 출판 계획을 알고 싶다.

토스카노 — 두 가지 작업을 진행 중이다. 첫 번째는 제프 킹클과 함께 준비하고 있는 『절대에 대한 지도 그리기』이고, 두 번째는 『마지막 철학: 자본주의와 실재적 추상화』다. 앞의 책은 현대 자본주의의 역동성과 효과를 재현하는 것에 딴죽을 거는 예술과 영화에 대한 다양한 연구다. 결국 이 문제는 재현 불가능한 총체성에 대한 것이기도 하다. 뒤의 책은 지난 몇 년간 내가 했던 작업들에 기초한 것이다. 자본주의가 철학에 심대한 영향을 미쳤다는 것인데, 이것을 나는 '실재즈 추상화'라고 명명했다. 화폐, 가치, 교환, 금융 등 현실과 관계가 추상화되면서 추상적 지적 실천으로 우월성을 인준 받던 철학이 영향을 받고 변화했다는 것이다. 이런 가정에서 나는 화폐·상업의 역사와 서구 철학의 기원 사이에 어떤 관계가 있는지 살펴보려 한다.

이택광 — 당신을 한국 독자에게 처음 소개하는 인터뷰다. 유럽을 대표하는 소장 지식인으로서 당부하고 싶은 말을 해주길 바란다.

토스카노 — 우리에게 남겨진 문제는 거리를 넘어서 정치적인 구호와 사회적인 분석을 가능하게 만드는 공통성을 인식하는 것이다. 구체적인 맥락과 투쟁의 궤적에 주의를 기울여야 가능한 일이다. 서구 학계가 세계적으로 헤게모니를 쥐고 있는 상황에서 내가 하는 말은 아주 작은 부분어 불과하다. 이런 헤게

   알베르토 토스카노: '평범한' 마르크스주의

모니의 상황은 학계 너머에서 벌어지고 있는 다른 세계의 사
회정치적 실천으로부터 유리된 이론을 조장할 수 있다. 그러나
이론이 확장되고 세계적으로 유통되는 것은 나쁘지 않다. 이론
의 공통성에 근거해서 급진적 전환에 대한 욕망들에 대해 말할
수 있기 때문이다.

제이슨 바커 Jason Barker

진리는 훨씬 더 도전적이다

"자본주의는 도처에 있다. 여기에서 벗어나기란 쉽지 않다. 자본주의는 언제나 위기 상태다. 오늘날 그 차이는 규모지 질적인 문제가 아니다. 경제 위기에 대한 집단적 저항은 '혁명적'이라고 할 수 없다. 월스트리트 점령 시위가 요구한 것은 단지 자유민주주의의 인간적 형태를 살려내라는 것이었다."

이택광 — 알랭 바디우에 관한 당신의 책이 한국에도 번역되어 있다. 바디우에 관심을 갖게 된 계기는?

바커 — 바디우의 정치학은 오늘날 자유주의적인 상식이 우리에게 무시하라고 말하는 정치적 이데올로기를 다시 생각하게 만들어준다. 자코뱅주의, 마르크스주의, 레닌주의, 마오주의의 정치학은 죽었고 아무것도 말해주지 않는 것처럼 보인다. 그런데도 이런 정치적 이데올로기들이 죽음을 맞은 20세기 이래 자유민주주의 역시 쇠락의 길을 걷고 있다. 자유민주주의 자체가 혁명적 이데올로기에 의존하고 있기 때문이다. 동구 사회주의의 몰락 이후 나는 케인즈주의적 복지국가도 몰락의 지점에 도달했다는 사실에 흥미를 느낀다.

제이슨 바커: 진리는 훨씬 더 도전적이다

이택광 — 바디우의 사유가 이런 상황을 타개할 수 있는가?

바커 — 바디우의 매력은 정치학에서 말해온 오랜 혁명의 양식을 옹호하는 것이 아니라 이미 낡아버렸다고 용감하게 말한다는 사실에 있다. 바디우의 작업은 정치학이라는 것이 단순히 프랑스혁명이나 마르크스주의에 의해 촉발된 것이 아님을 상기시킨다. 정치적 행동에 있어 더 중요한 참조사항과 모델들이 있다는 것이다. 정치학은 인간 사회만큼이나 오래된 것이다. 정치학이 계몽주의에서 시작돼 서구 자유민주주의에서 완성됐다는 가설은 오만한 것이다. 진리는 훨씬 더 도전적이다. 우리는 언제나 정치학의 시작점에 있다. 프랑스 철학자 들뢰즈와 가타리는 우리가 '중간'에 있다고 말하곤 했다. 확실한 것은 우리는 결코 끝에 있지 않다는 사실이다. 21세기 초반인 이 시점에서 우리가 살고 있는 사회에 대한 이전의 생각들은 모두 잘못된 것처럼 보인다. 이런 허무주의가 우리를 바디우의 정치학으로 이끈다.

이택광 — 자유주의 경제학자들까지 신자유주의가 위기에 봉착했다고 입을 모은다. 이에 대해 어떻게 생각하는가. 정말 부패한 이데올로기 때문에 이런 일이 일어났다고 보는가?

바커 — 신자유주의가 위기를 맞았다는 말을 나는 의심하지 않을 수 없다. 전 지구적 경제가 더 어려워질 수도 있다고 왜 생각하지 않는가? 이런 판타지의 한계는 어디일까? 모래에 선을 그어봤자 자본주의는 그것을 가로질러 가버릴 것이다. 우리는 신자유주의와 자유민주주의를 구분해야 한다. 자유민주주의는 끝난 것으로 보인다. 다시 살려내려면 마법사의 주문이 필요하다. 해리 포터면 몰라도 버락 오바마나 이명박은 그렇게 할 수 없다. 반면 신자유주의는 사유화와 탈규제에 기반해 있으며 여전히 생명력을 갖고 있다. 물론 신자유주의는 정치적 요소에 영향을 받는다. 그래서 전 지구화globalization와 시장에 대한 자유로운 접근을 통해서만 작동하는데, 전 지구적 경제 위기는 시장을 약화시키고 변덕스럽게 만든다. 한편으로 우리는 신자유주의에 대한 노동자, 학생, 그리고 평범한 사람들의 저항을 목격해왔다. 그래서 상황은 불확실하다. 전 지구적 위기 심화에 따라 신자유주의는 장기적으로 위기를 맞을 수도 그렇지 않을 수도 있다.

이택광 — 자본주의의 대안을 묻는다면 어떤 대답을 할 수 있나.

바커 — 리얼리티의 본성에 대해 가장 순진한 철학적 질문을 던지는 것에서 자본주의의 대안을 발견할 수 있다는 슬라보예 지젝의 관점에 동의한다. 우리는 자본주의를 악한 괴물로 보는 경향이 있다. 개인적으로 전 지구적 위기를 보며 나는 우리가 일상에서 얼마나 신자유주의와 자유시장 이데올로기에 의존하고 있는지를 확인하게 된다. 자본주의는 도처에 있다. 여기에서 벗어나기란 쉽지 않다. 물론 신자유주의가 붕괴에 직면한다면 붕괴되지 않는 것보다는 나을 것이다. 그렇지만 전 지구적 경제가 균형을 유지하는 한 앞으로 오랫동안 우리 사회가 붕괴 위기를 맞지 않는다고 해도 이상할 것은 없다. 자본주의는 언제나 위기 상태다. 오늘날 그 차이는 규모이지 질적인 문제가 아니다.

이택광 — 당신은 마르크스에 대한 다큐멘터리 영화도 만들었다. 지난해 한국 DMZ영화제에서 상영하기도 했는데, 그 다큐를 통해 무엇을 말하고 싶었나.

바커 — 〈마르크스 재장전〉은 갑작스레 시작된 작업이었다. 〈마르크스 리턴즈〉라는 애니메이션 작업을 하던 중 독일 TV채널인 ZDF가 그것 대신에 〈마르크스 재장전〉을 만들어달라는 제안을 했다. 그 영화에 대해 충분히 생각할 시간이 없었고 그래서 되도록 빠른 시간에 제작을 끝냈다.

이택광 — 그 다큐에서 당신은 자본주의를 이해하기 위해 마르크스의 방법론을 옹호하고 있는 것처럼 보인다. 마르크스주의가 여전히 유효하다고 생각하나.

바커 — 〈마르크스 재장전〉은 지젝, 바디우, 네그리 같은 이론가들과 더불어 '마르크스 현상'을 고찰하려는 시도였다. 물론 마르크스가 자본주의를 이해하는 데 도움이 되는지를 물어보는 것도 포함됐다. 그러나 지젝 같은 이론가가 마르크스를 해석하는 방식은 아주 선택적이라는 사실을 명심해야 한다. 결론적으로 오늘날 마르크스는 프랑켄슈타인 같은 것이다. 자코뱅주의, 마오주의, 레닌주의, 트로츠키주의가 함께 결합해 있는 모양새다. 여기에 정통 마르크스주의까지 가세하고 있다. 우리는 '마르크스주의'로부터 조심스럽게 마르크스의 생각들을 분리해내야 한다. 자본주의의 현재 위기에 관해서라면 마르크스가 모든 점에서 옳지는 않다. 그럼에도 불구하고 마르크스의 저작은 중요한데, 경제에는 언제나 정치적 작용이 일어난다는 사실을 지적하고 있기 때문이다. 자본주의 사회에서 시장에 의존하는 삶은 상품 구매 수요로부터 이윤을 얻는 이들에게 취약

                                                    제이슨 바커: 진리는 훨씬 더 도전적이다

하다. 이것이 바로 마르크스의 기본적인 정치적 가설이다. 그는 경제를 지배하는 이들이 우리의 의식적 행동 또한 지배한다고 말했다. 만일 마르크스가 틀린 점이 있다면 자신의 말이 얼마나 옳은지를 과소평가했다는 것뿐이다. 오늘날 경제를 지배하는 자는 우리의 의식적 행동뿐 아니라 무의식적 행동까지 지배한다.

이택광 — 마르크스주의를 비롯한 좌파 정치사상이 위기에 봉착한 것처럼 보인다. 그 와중에 아랍 봉기, 월스트리트 점령 시위 등이 일어나 새로운 정치운동의 표상으로 언급되고 있다.

바커 — 아랍 봉기를 전 지구적 경제 위기와 연결 지을 수 있다고 생각하지 않는다. 물론 아랍의 경제 위기가 봉기를 촉발한 측면이 있을 것이다. 그러나 직접적인 원인은 권위주의적 체제에 있었다. 월스트리트 점령 시위와는 완전히 다르다. '전 지구적 정치'를 가정해 결론을 내는 것은 쉽지 않다. 바디우는 전 지구적 정치 같은 건 없다고 말한다. 정치는 언제나 지역적이고 특정 상황과 관계된 것이다. 전 지구적 차원에서 일어나는 정치는 너무 다양해서 하나로 꿸 수가 없다. 게다가 경제 위기에 대한 집단적 저항은 '혁명적'이라고 할 수 없다. 월스트리트 점령 시위가 요구한 것은 단지 자유민주주의의 인간적 형태를 살려내라는 것이었다. 이런 요구가 잠깐 먹혀들지도 모르지만 길게 본다면 성공하지 못할 것이다. 지니는 이미 램프에서 나와버렸다. 게임은 끝났다. 어떤 이는 1년에 5백만 달러를 벌고, 고작 1킬로미터 떨어진 곳에 사는 다른 사람은 1년에 겨우 2만 달러를 번다는 사실을 모든 사람들이 안다.

이택광 — 오늘날 우리는 세대 갈등을 겪고 있다. 젊은 세대가 윗세대를 비난하는 것을 쉽게 볼 수 있다. 한국도 마찬가지다. 이런 세대 격차는 신자유주의적 자본주의 때문에 빚어진 것이라고 볼 수 있는데 해법은 무엇일까?

바커 — 흥미로운 질문이다. 선진자본주의 국가뿐 아니라 인도나 중국처럼 개발도상국에서도 젊은이들이 주도하는 시위가 최근 많이 발생했다. 영국에선 등록금과 관련해 활발한 학생운동이 있었다. 캐나다 등도 마찬가지다. 이곳의 운동권은 잘 조직되어 있다. 그러나 영국에 국한해서 말한다면 이런 운동이 등록금 문제에 대한 어떤 정책 변화도 이끌어내지 못했다. 정치적 결과에 아랑곳없이 정부가 정책을 결정해버릴 경우 싸움에서 승리하기 어렵다. 차기 영국 총선은 2015년이다. 그때쯤

      제이슨 바커: 진리는 훨씬 더 도전적이다

이면 등록금 이슈는 까마득하게 잊힐 것이다. 문제는 자유민주주의이지 특정한 정책이 아니다. 자유민주주의는 죽었다. 유럽 신자유주의 정부는 어떤 대중적 지지도 없이 독단적인 정책을 밀어붙이는 조폭 같은 세력이다. 이들은 이제 자신들이 합법적이거나 공정하거나 민주적인 척 포장하지도 않는다. 자신들을 정당화하기 위해 대안은 없다고 말하는데, 거기에는 '우리에게 반대할 수 있지만 만일 거역하려 든다면 뭉개버릴 것이다'라는 메시지가 담겨 있다. 끔찍하게도 이것이 바로 젊은 세대가 싸워야 할 탈도덕적인 적의 실상이다. 투쟁은 아무런 변화도 이끌어내지 못하겠지만 이런 싸움은 중요하다. 왜냐하면 비록 등록금 인상을 저지하지 못하더라도 미래에 더 큰 정치적 도전을 실행할 수 있기 때문이다. 죽어버린 자유민주주의 대신 젊은이들이 새로운 정치를 세울 수 있을 것이다.

이택광 — 다음 계획은 무엇인가? 한국 독자에게 해주고 싶은 말이 있다면?

바커 — 여전히 〈마르크스 리턴즈〉라는 애니메이션을 만들고 있는데, 한국의 애니메이션 제작자들과 함께 일을 해보고 싶다. 관심 있으면 연락 주기 바란다. 미셸 푸코에 대한 다큐멘터리도 만들 계획이다. 조만간 도서출판 난장의 이재원 씨와 함께 〈마르크스 재장전〉 속 인터뷰를 중심으로 책을 만들어 한국에 출간할 예정이다.* 한국 독자에게 충고하고 싶은 것은 간단하다. 논리적으로 생각하고 읽고 그림을 그려보라는 것이다. 그림은 지적 성장에 아주 좋은 훈련이다. 덧붙여 유머를 잃지 말라. 이 세상에서 우리에게 필요한 것이 바로 유머다.

* 제이슨 바커, 『맑스 재장전: 자본주의와 코뮤니즘에 관한 대담』, 은혜·정남영 옮김, 난장, 2013.

철학자 소개

슬라보예 지젝

슬로베니아의 철학자. 류블랴나대학교의 선임연구원이자 경희대학교 석좌교수이기도 하다. 이외에도 영국의 버크벡대학교과 미국의 뉴욕대학교에서 부정기적으로 강좌를 진행하고 있다. 마르크스주의와 라캉 정신분석 이론을 헤겔주의로 포섭하는 사유를 전개하는 것으로 유명하다. 세계에서 영향력 있는 지식인으로 매년 순위권에 드는 유명인이다. 괴짜 같은 행동과 거침없는 입담으로 철학의 개념을 적용해서 현실을 설명해서 인기를 끌고 있다. 최근 프랑스의 철학자 알랭 바디우와 함께 적극적으로 공산주의에 대한 재해석을 제기하고 있다.

자크 랑시에르

최근까지 파리 8대학 교수로 재직하다가 은퇴했다. 한때 루이 알튀세르의 제자였는데 1968년 이후에 스승의 이론중심주의를 비판하면서 독자적인 영역을 개척한 철학자로 알려져 있다. 미학과 정치의 관계에 대한 흥미로운 테제들을 방대한 사료를 중심으로 재구성해서 주목을 받았다. 문학의 정치성에 대한 통찰력 있는 문제제기를 통해 리얼리즘에 대한 새로운 관점을 확보할 수 있게 만들었는데, 이런 논의에 기초해 한국에서 시와 정치 논쟁이 일어났다.

지그문트 바우만

폴란드 출신의 사회학자로서 현재 영국 리즈대학교 사회학과에서 가르치고 있다. 폴란드 공산당이 주도한 반유대주의적인 축출운동 때문에 1971년 망명한 이후 영국에 거주하고 있다. 근대성과 홀로코스트 그리고 포스트모던 소비주의 사이의 연관성에 관한 분석으로 유명해졌고, 한국어로 번역된 저서 중에 베스트셀러에 오른 것도 많다. 바우만 연구소가 따로 설립되어 있을 정도로 영국을 대표하는 사회학자라고 할 수 있다.

가야트리 스피박

인도 출신으로 미국 컬럼비아대학교에서 학생들을 가르친 탈식민주의를 대표하는 사상가다. 최근 은퇴했지만 여전히 왕성한 활동을 펼치고 있다. 자크 데리다의 『그라마톨로지에 대하여』를 영어로 번역하고 「서발턴은 말할 수 있는가?Can the Subaltern Speak?」라는 논문을 집필해서 주목을 받았다. 서발턴의 목소리라고 여기는 것들이 사실은 지식인의 이데올로기를 통하 대리된 것에 불과하고 실질적으로 발언의 기회조차 박탈당했기 때문에 있지만 있는 것처럼 보이지 않는 존재가 바로 서발턴이라는 주장은 상당한 반향을 불러일으켰다.

피터 싱어

호주 출신으로 지금은 미국 프린스턴대학교에서 철학을 가르치고 있다. 도덕철학자로 알려져 있는데, '동물해방'을 주장해서 주목을 받고 있다. 그러나 싱어는 자신을 '동물해방론자'라고 규정하지 않는다는 점에서 독특하다. 그의 관점은 생명중심주의에 속하는 것으로, 개별 생명에 고유한 윤리적 가치가 내재해 있다는 것이 이런 논리의 근거다. 이런 까닭에 가장 영향력 있는 철학자이자 동시에 위험한 '인간'으로 평가받기도 한다.

사이먼 크리츨리

영국 출신 철학자로 미국의 뉴스쿨에서 가르치고 있다. 크리츨리는 "정치적이거나 종교적인 실망에서 철학이 시작한다"는 명제를 정치철학의 근간으로 삼는다. 10대에 히피였다고 고백하는 크리츨리는 70년대 고등학생 시절에 펑크록을 지지했고, 다양한 정치활동에 가담했다. 문학과 철학을 함께 전공하면서 그는 영미철학과 대륙철학 전통을 균형 있게 공부한 철학자라고 할 수 있다. 정치적으로 아나키스트로서 청년 시절에 노동조합운동을 비롯한 다양한 사회참여 경험을 토대로 정치철학을 전개하고 있다.

그렉 램버트

미국 캘리포니아 어바인대학교에서 자크 데리다의 지도하에 박사학위를 받았으며, 현재 미국 시라큐스대학교에서 철학을 가르치고 있다. 바로크 미학과 들뢰즈 철학 전공자로 이름을 얻고 있는 소장학자다. 『누가 들뢰즈와 가타리를 두려워하랴?』라는 책에서 미국적인 맥락에서 작동하는 들뢰즈와 가타리의 정치성을 부각해 주목을 받았다. 유엔과 협조해서 '영구평화프로젝트'를 추진하기도 했다. 활발하게 학문과 사회참여를 병행하고 있는 철학자다.

알베르토 토스카노

영국 런던 골드스미스대학교에서 가르치고 있는 문화비평가자 철학자다. 영어권에 알랭 바디우의 번역자로 잘 알려져 있다. '광신'과 관련한 논의를 통해 주목을 받고 있다. 대표적인 마르크스주의 저널인 〈역사적 유물론Historical Materialism〉의 편집위원으로 활동하고 있다.

제이슨 바커

현재 유럽대학원대학교에서 철학을 가르치고 있는 젊은 철학자다. 알랭 바디우의 철학을 연구해 박사학위를 받았다. 박사학위 논문을 책으로 출간한 것이 『알랭 바디우: 비판적 입문』이다. 철학자에 그치지 않그 다큐멘터리 영화감독, 애니메이션 제작자, 시나리오 작가, 칼럼니스트 같은 다양한 일을 한다. 〈마르크스 재장전〉이라는 다큐멘터리 영화를 만들어서 주목을 받았다. 사이먼 크리츨리는 이 영화에 대해 "새로운 세대를 위해 만들어진 훌륭한 마르크스 입문 영화"라고 평하기도 했다.

다시 더 낫게 실패하라

위기의 순간을 사는 철학자들

© 이택광, 2013

초판 1쇄 인쇄 2013년 9월 13일
초판 1쇄 발행 2013년 9월 30일

지은이   이택광
펴낸이   황광수
주간   정은영
책임 편집   허원
편집   김유정
마케팅   박제연 전연교
제작   이재욱

펴낸곳   자음과모음
출판등록   1997년 10월 30일 제313-1997-129호
주소   121-840 서울시 마포구 서교동 396-33번지
전화   편집부 02) 324-2347 경영지원부 02) 325-6047
팩스   편집부 02) 324-2348 경영지원부 02) 2648-1311
이메일   inmun@jamobook.com
커뮤니티   cafe.naver.com/cafejamo

ISBN 978-89-5707-781-8 (03300)